新訂版
これだけは
身につけたい

新・保育者の
常識67

谷田貝公昭［編］

一藝社

新訂版 まえがき

　保育とか保育学とかは、ある意味において保育者論であったといってよい。それは保育・保育学を論ずるとき、どうしても保育を行う人、すなわち保育者を論じないわけにはいかないからです。保育者の資質や適正や役割については、多くの人たちによって論じられてきています。このことは、保育の対象が未成熟な乳幼児であることに起因しているといえます。それらに共通してあげられているものを整理すると、おおむね次の３つにまとめることができます。①保育に関する専門的知識　②保育に関する技術　③保育者の人間性です。ところが近年、とくに若い保育者をみていると、上にあげたこと以前の問題があると指摘する、現場のベテラン保育関係者が多いのです。

　そこで、全国200カ所の園長先生に「保育者として就職する際、何が大切か、何を身につけておいたらよいか」についてアンケートをお願いしました。その結果を整理し、上位から67の事例を取り上げ、イラストを中心に分かりやすく解説、2015年に出版しました。お陰様で保育者養成校や現職保育者の研修会等で、テキスト及び参考書として使用されてきました。

　本新訂版は、それを時代にマッチした最新の内容に改めたものです。取り上げた項目は、保育者のみならず大人であれば身についていて当たり前と思われる極めて常識的な事柄のみです。本書の構成は、まず、各項目を見開き２ページで簡潔に解説し、次に、各項目を３つに分け、イラストを使い、分かりやすく記述しました（①マイナスポイント：身についていないことでのマイナス面、②アドバイス：身につける方法、③ステップアップ：磨きをかける方法）。

　本書が、保育者を目指している学生はもちろん、現職保育者の自己研鑽や研修などで大いに利用されることを願っています。

　最後に、調査にご協力してくださった園長先生方と、本新訂版の編集の労をとってくださった川田直美さんに心より御礼申し上げます。

2023年4月吉日

　　　　　　　　　　　　　　　　　　　　　　編者　谷田貝公昭

まえがき　*3*

············· *Step 1*　基本のマナーと常識 ·············

01 身だしなみ　*8*
02 清潔感がある　*10*
03 化 粧　*72*
04 爪を伸ばさない　*74*
05 上司・同僚への接し方　*76*
06 学生気分　*78*
07 健康管理　*20*
08 プロ意識　*22*
09 基本的生活習慣が身についている　*24*

············· *Step 2*　園内でのマナーと常識 ·············

10 コミュニケーション能力　*26*
11 返事ができる　*28*
12 協調性がある　*30*
13 気働きができる　*32*
14 時間を守る　*34*
15 読み書き　*36*
16 報・連・相　*38*
17 来客対応　*40*
18 事故処理能力　*42*

············· *Step 3*　保育者の基本 ·············

19 笑 顔　*44*
20 幼児発達の理解　*46*
21 観察力　*48*

22 子どもの目線に立つ　50

23 専門的知識を持つ　52

24 保育内容　54

25 保育技術　56

26 表現する力　58

27 指示がなくても動ける　60

28 「えこひいき」しない　62

29 子どもと遊べる　64

30 子どものケガと病気　66

31 危機管理　68

32 臨機応変の行動がとれる　70

Step 4　生活技術

33 箸をきちんと持って使う　72

34 鉛筆を正しく持って使う　74

35 お茶の入れ方、出し方　76

36 ひもの結び方　78

37 整理整頓　80

38 雑巾を絞る　82

39 掃除ができる　84

Step 5　子ども・保護者との関わり

40 子どもとの関わり方　86

41 子どもへの愛情　88

42 子どもの声に耳を傾ける　90

43 保護者とのコミュニケーションの取り方　92

44 保護者との面談・懇親会　94

45 クレームの対応　96

Step 6　一般的なマナーと常識

- 46　挨拶　*98*
- 47　一般常識がある　*100*
- 48　正しい言葉遣い　*102*
- 49　敬語が使える　*104*
- 50　「ありがとう」「申し訳ありません」
　　「お願いします」などが言える　*106*
- 51　我慢ができる　*108*
- 52　電話の対応ができる　*770*

Step 7　豊かな保育者になるために

- 53　情熱　*172*
- 54　素直さ・謙虚さ　*174*
- 55　向上心　*176*
- 56　責任感　*178*
- 57　豊かな感性　*120*
- 58　思いやりのある温かい人　*722*
- 59　動植物を育てる　*124*
- 60　保育哲学を持つ　*126*

Step 8　ステップアップするために

- 61　豊かな人間性　*128*
- 62　柔軟な考え方　*130*
- 63　共感する心　*732*
- 64　広い視野　*134*
- 65　得意なものを持つ　*136*
- 66　読書　*738*
- 67　専門職であることを自覚する　*740*

新訂版
これだけは
身につけたい

新・保育者の
常識67

01 身だしなみ

ひろみ先生は明るくて元気がよく、子どもたちにも人気があります。しかし、通勤の際の服装が保育者にはふさわしくなく、同僚から注意されています。例えば、穴が開いたボロボロのジーンズをはいていたり、背中や肩が大きく出ていたり、おなかが見えるほどの短いTシャツを着ていたりするのです。注意を受けても、どのような服がふさわしいのか分からない様子です。

● マイナスポイント

だらしない服装で、出勤途中に園児や保護者に遭遇することもあるでしょう。本人がどんなにいい保育をしても、服装で評価されてしまうことが多々あります。注意を受けてもその意味が分からないとはどういうことでしょう。職員間の協調性はとれているのか心配になります。また、自分だけではなく園全体の気風が疑われてしまいます。

コラム

生活の中にオン・オフを上手に取り入れて、生活のリズムをしっかりとつけましょう。それにより仕事への気構えも変わってきますし、周りからの評価も変わってくるでしょう。人は中身が大切ですが、同様に見た目も大切です。服装、頭髪、爪、ひげや鼻毛などにも気を使う必要があります。

● アドバイス

　仕事に行くという気構えが大切です。そこで服装を注意されたら、素直に聞き入れなければ保育の質も疑われてしまいます。

　「服装の乱れは心の乱れ」とも言います。職場には職場の規則があるので、しっかり聞き入れることが大切です。また、どうしていけないのか、批判されるのか、その理由を聞く勇気を持ちましょう。

● ステップアップ

　保育者は、保育のプロとしての自覚を持って日々生活をしていただきたいと思います。明るく元気のいい保育者は、現場で生き生きと活躍していることでしょう。それを大切にし、仕事とプライベートのメリハリをしっかりつけて保育に望むこと、また、いろいろなファッションを学ぶことも保育には必要なことです。自分の興味がある方面のファッションや色のセンスを大いに磨き、保育に生かしてください。

02 清潔感がある

ゆたか先生はあまり鏡を見ないそうです。そのためか、ひげのそり残しや、寝癖がついていたりすることがよくあります。保育中の服もしわだらけのときが少なくありません。保護者から「汚い、だらしない」、というクレームも出ています。主任がゆたか先生に注意をしましたが、あまり改善されません。最近では、子どもたちが寝癖をからかうようになってしまっています。

● マイナスポイント

清潔感のない保育者に、大切な子どもを見てもらいたくないというのが本音でしょう。保護者からクレームが出ているということは、園にとっても問題です。保育の仕事に自覚がなさすぎます。どんなにいい保育をしようとしても、園児はその容姿がおかしいと、話を聞く姿勢にはならないでしょう。幼い子どもにとって先生のイメージは、想像以上に大きいものです。何でも吸収してしまう幼児のお手本にはならないでしょう。

コラム

清潔感のある人とは、周囲の人に不快感を与えない人ですから、自然に人が集まってきたり、安心したりするものです。清潔な服装、髪、肌などに気を使いましょう。第一印象はとても大切なものです。そこに笑顔がプラスされると、より好印象になることでしょう。

朝起きたら、鏡を見る習慣をつけて下さい。そして、自分に語りかけましょう。「体調はどうか」「今日も仕事に行って頑張れるか」など……、自分と向き合う心の余裕があることが大切です。

身だしなみがだらしないと、それだけで信用を失います。そう思われないためにも清潔感のある髪型、服装を心がけ、健康で前向きな姿を見せてください。そうすれば、園児のあこがれの先生になるでしょう。

今日の子どもたちの様子を振り返ってみましょう。きっと子どもたちの方から「こうした方がいいよ」というアイディアを言ってくれていますので、聞き逃さないで下さい。また、明日着ていく衣類、小物等を前日寝る前に準備することがポイントです。準備してあれば、朝はあわてなくても、すっきりした気持ちで出勤できることでしょう。

03 化粧

みどり保育園では、化粧についての決まりはありませんが、先生方は自然な化粧をしています。しかし、今年の新人保育者は「決まりがないのだから」と、しっかりと化粧をしてきます。チークは濃い方がかわいい、目がはっきりするからつけまつ毛をつける、といった具合です。子どもたちの中には、「かわいい」という子もいるため、新人先生は化粧を変えそうにありません。

● マイナスポイント

保育者の仕事は子どもたちと共に生活し、活動の支援をすることです。それには子どもが信頼を寄せ、親しみを感じてもらわなければなりません。

たっぷり化粧をしていると、化粧が汗とともに流れ、子どもの衣服についてしまったり、朝と夕の印象が違って別人のように見えてしまうこともあります。また、保護者にも周りの人たちにも好ましく感じてもらえないことが起こり得ます。コミュニケーションの第一歩が化粧によって邪魔されてしまうのは悲しいことです。

コラム

化粧は、その人をより輝かせるためのものでしょう。その場に合った化粧方法は大切なマナーです。濃い化粧は保護者や周りの人に「この先生で大丈夫だろうか」と不安感を与えることもあるので、注意が必要です。内面からの美しさが映えるような化粧を研究してみてはいかがでしょうか。

● アドバイス

　美しさは人それぞれです。鏡を持ち自分と対話して下さい。自分の持っている内面の美しさを再発見することでしょう。そしてその良さが生きてくるような化粧をして下さい。華美にならない自然な化粧を心がければ、自分の持っている内面の美しさが現れてきます。ナチュラルメイクが基本です。

● ステップアップ

　どんなに疲れて帰った日でも、一日の終わりには化粧を洗い落としましょう。汚れとともに化粧品に含まれる油分は酸化していきます。若い人でも肌には良くありません。化粧することよりアフターケアすることの方が大事です。それによって健康な肌が保たれ、翌日の肌が生き生きとしてきます。また、服装とカラーコーディネートすると、なおすてきです。

　保育者は化粧に頼りすぎることなく、「表情美人」であってほしいと思います。

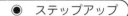

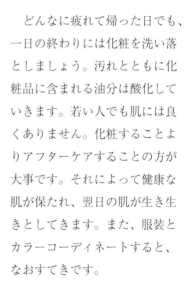

04 爪を伸ばさない

かおる先生は1歳児クラスの担任になりました。一緒に担任をすることになったゆき先生は、かおる先生の指を見てびっくりしました。長い爪にきれいなピンク色のマニキュアが塗ってあるのです。ゆき先生は、長い爪での保育は危険であることを伝え、すぐに爪を切るように話しました。すると、手入れにお金をかけているので、ネイルサロンでなければ切りたくないというのです。

● マイナスポイント

保育者の仕事は、常に子どもと接し、オムツを替えたり、体を洗ったり、着替えさせたりと、直接子どもの体に触れることが日常です。そんなとき、自分は気をつけているつもりでも、子どもの肌に爪が刺さったりすることも多いのです。大人の爪は子どもの爪ほど鋭利ではありませんが、傷つくことも多々あります。

また、砂遊び、粘土遊びなど一緒に遊ぶと、爪の間に異物が入ったりして思い切り楽しめないでしょう。保育者の仕事をもう一度考えてみましょう。

コラム

爪は皮膚が変化したものです。健康状態が悪くなると呼吸している爪も、もろくなったり、割れたりする原因になります。食事に気をつけて健康的な爪を保ちましょう。保育者は幼い子を扱うわけですから、爪は短く切っておくのが常識というものです。爪切りを自分の机の引き出しなどに入れておきましょう。

仕事のとき

短いつめ

オフタイム

付けつめ

● アドバイス

　爪はいつも短くしておく習慣をつけましょう。仕事では短くし、オフタイムのときはおしゃれをし、付け爪でネイルを楽しんでみて下さい。気分的にもメリハリがつき、仕事に向かう姿勢も変わってくることでしょう。

　ネイルが自分の個性だと主張したいのだと思いますが、指先のネイルに気を取られてしまっては、すてきな笑顔がかすんでしまいます。自分のすてきな魅力を見つけて下さい。

● ステップアップ

　最近は爪を伸ばし、すてきなネイルを楽しむお母さんが多くなりました。

　手軽にマニキュアを買うこともできるようになりました。そのため、マニキュアを塗ってくる園児も多くなってきました。

　爪はアクセサリーではなく、健康のバロメーターです。爪はどうして必要なのか、爪が伸び、爪と爪の間にばい菌がたまっている場合はどうしたらいいのかなど、衛生面でも意識的に全体で取り組む姿勢が大切です。また、保護者にもしっかり伝えて協力してもらい、活動的に遊べるようにしましょう。

つめは健康のバロメーター

05 上司・同僚への接し方

さくら幼稚園は先生方の仲が良いのが自慢です。いつも先生同士が仲良く言葉を交わしています。しかし、保護者の前で友達のような会話が出てしまうことがあります。園長先生に対する言葉遣いや態度も友達に対するようなときもあります。それを見ていた保護者から「けじめがない！」と指摘を受けました。子どもがそのような態度をまねたら、将来困るのではないかということでした。

● マイナスポイント

仲が良いのはいいことですが、社会の仕組みとして、誰とでも友達のような話し方で接するのはどうでしょう。言葉はコミュニケーションの一つです。話し方一つで、相手の人間性まで推し量ることもできます。そこで、誰とでも友達関係のような話し方だったら、保護者は戸惑ってしまいますし、保護者が話しづらくなってしまうでしょう。

コラム

敬語や丁寧な言葉が使えることは、社会人として常識です。「親しき仲にも礼儀あり」といいます。言葉遣い一つで判断されてしまいますので、普段から心がけましょう。敬語を上手に使える人は、「できる人！」と思われるでしょう。日常生活の中で無理なく使ってみると、自分の気持ちもシャキッ！　とします。

この前は
ありがとう
ございます。

いいえ、いつも助けて
いただいているので
お役にたてて
よかったです。

●上司に対して●

敬 語

●同僚間●

丁寧語

職員間で仲の良いことは、とても良いことですが、仲良しグループで固まっていないでしょうか？　クラス運営をするときに、職員間の連係プレーがうまくいっている場合と、少々ギクシャクしている場合とでは、大きく変わってきます。そして、それをクラスの子どもたちは敏感に感じ取ってしまいます。お互いに尊敬しあって会話が良い関係になっていけたら、最高にすばらしいでしょう。

職員間での話し方を基本的に変えてみましょう。上司に対しては敬語で話し、同僚間では丁寧語にしてはどうでしょう。ここは「職場である」という自覚を持って、全職員で取り組みましょう。始めはちょっとギクシャクするかもしれませんが、土台が仲良しなので、チームワークは崩れません。保護者からも安心してもらえることでしょう。

06 学生気分

まい先生は、某アーティストの大ファンです。持ち物にもそのアーティストの品物が多いです。ある日、子どもたちの降園後に、まい先生が何度も携帯電話をかけるので、何かあったのかと心配になり声をかけました。すると、そのアーティストのコンサートチケットの予約電話だというのです。人気があるから何度もかけないと席が取れないということでしたが、まだ勤務中です。

まだ勤務時間内なんですけど…

● マイナスポイント

今の保育者は、携帯電話を持っていないと落ち着かないくらい、携帯電話中毒になっていないでしょうか。

基本的には、勤務外ならば自由行動でもいいと思いますが、まだ勤務中ではやってはいけないことでしょう。携帯をさわっていないときでも、コンサートのチケットが気になって、保育に集中できなかったり、勤務中の仕事がおろそかになっているのではないでしょうか。そんなときに思わぬ事故を起こしかねません。

コラム

遅刻、言葉遣い等、学生だからということで許されてきたことは案外多いものです。学生の気楽さ、自由さは何にも替えられない大切な時間です。また、いろいろな発想も湧くことでしょう。それらを基盤に、プロとして発想の転換をしてみましょう。保育は自分自身を成長させる仕事です。

◉ アドバイス

　勤務時間にどうしてもコンサートのチケットを取りたいのであれば、前もって休暇・時間休を取っておきましょう。心おきなくチケット取りに集中でき、園児にも迷惑をかけることもなくなります。そのくらいメリハリをしっかりつけることが、社会人として必要です。

◉ ステップアップ

　仕事と休日のメリハリをつけましょう。休日は、学生気分になって楽しい時間を持つことはとても大切なことです。ただ、次の日が仕事ならば、遊びすぎには要注意です。気持ちの切り替えが大切です。

　仕事では、どうしたらいい保育ができるのかなどを、先輩に積極的に質問したり、アドバイスを受けたりする中で、保育者としての資質が高まることでしょう。

07 健康管理

新人のゆうき先生はたびたび体調を崩して欠勤します。普段は一生懸命仕事をしていますが、熱を出したり、おなかを壊したりすることが多いのです。職場に慣れれば治まるのではと思いましたが、7月まで毎月病欠がありました。そこで生活状況を尋ねたところ、夜遅くまで携帯やゲームをしていて睡眠時間が少なく、しかも食事のほとんどが外食やコンビニ食だということでした。

調子悪いので今日、休ませてくだ さい…

またか…

◉ マイナスポイント

自分の健康管理ができない人はどんな仕事についても長続きはしないでしょう。ましてや、保育者という幼い子どもたちの支援をする仕事なのですから、たびたび体調を崩して休むと、職員からも保護者からも信頼されなくなってしまいます。組織で仕事をする上でも、自分自身がつらくなることでしょう。

コラム

保育者にとって大切なことはいくつもありますが、心身の健康は、保育という仕事をしていく上で、最も重要なことです。

何をするにも健康管理が第一です。自分の体を管理できない人は、何をやってもうまくいきません。朝はしっかり目覚め、すっきりした気持ちで職場に行くには、どうしたらいいかを自分で考えてみましょう。

　まず、自分の生活リズムを立て直しましょう。携帯やゲームは、休みの前の日に楽しんで下さい。ゲームをやらないと眠れないのであれば、中毒になっていることも考えられるので、病院に行って受診して下さい。

　保育者は、できるだけ笑顔で丁寧に園児と接することが一番です。イライラしている保育者は、園児への良い支援・指導は難しいでしょう。もう一度、自分自身に問いかけて下さい。健康に過ごすにはどうしたらいいのかを……。

朝食は
1日の
エネルギーの
源！

　上司・保護者に接するときは、できるだけ明るくはきはきした口調で、大切なことは復唱することが大切です。全身で相手の話を受け止めていますよ、というアピールと同時に、コミュニケーションを円滑にすると信頼関係も生まれます。そのためには自分の生活リズムが大切です。特に朝食は一日のエネルギーの源ですので、コーヒーだけで済ませるなどということがないようにしましょう。

08 プロ意識

若葉幼稚園では、毎月の職員会議で各クラスの保育の様子を報告し意見交換をします。初めて一人担任となったけい子先生は、会議の意見交換のたびに泣き出してしまいます。「一生懸命やっているのに認めてくれない、自分の保育を批判された」と感じるようです。他の先生たちは、けい子先生のクラスが良くなるために意見を言っているのですが、それを理解できないようなのです。

● マイナスポイント

　職員会議の意見交換の度にメソメソしているということは、意見交換という情報収集の場でマイナスの印象がとても強くなり、それ以上のことは言えなくなってしまいます。自分がプロとして勉強しようとするならば、このような態度にはならないはずです。

　園は、職員間が連携して同じ価値観を持って保育に当たらないと、園児や保護者が戸惑ってしまい、信頼を損ねかねないでしょう。

コラム

　保育者とは、保育という専門的な職業に従事している人のことです。プロになるためには、長い道のりが必要です。職場に入ったからすぐプロになれるわけではありません。常にいろいろな情報をキャッチし、チャレンジしてこそプロの道に通じるものでしょう。その意識を常に持つことが大切です。

それを生かしつつ
私のめざす明るい
クラスにしてゆき
たいと思います

アドバイス
ありがとう
ございます

プロフェッショナル

● アドバイス

これから保育者になろうとする人は、保育という仕事の内容を再認識し、きわめて責任の重い仕事であるということを十分理解しておく必要があります。「子どもがかわいい……」という程度の認識で就職しないでほしいものです。子どもの成長だけでなく、職員間の連係プレーは大切なことです。保育者の意見は真剣に受け止め、自分はこう思った等の意見を、しっかりと言うことができるのが、プロというものです。

● ステップアップ

現在、園に寄せる期待は大きく膨らんでいます。育児支援・保護者支援・障害児保育等、保育者がプロとして地域の子どもたちを支える時代です。そのためには、職員間の連携、保育者の質の向上が叫ばれています。これから自分を見つめ直し、優しく、たくましい保育者になって下さい。

09 基本的生活習慣が 身についている

みき先生は、時々大慌てで出勤時間ギリギリに来ます。そのときは髪が乱れ、化粧もしていません。どうやら寝坊するようです。先日は早番だったにもかかわらず寝坊してしまい、保育園を開園する時間が遅れてしまいました。目覚まし時計はかけているのですが、一人では起きられないようです。それに便秘がちで、毎月の細菌検査に便を提出できないときもあり、困っています。

◉ マイナスポイント

仕事に就くということは、責任を持って働くということです。園の開門時間が遅れてしまったということは、保護者にとって大問題になるでしょう。いつもの時間に子どもを預けられず、出勤時間に間に合わない人もいるはずです。これは園の信用問題にもなりかねません。寝坊は何が原因だったのか、次回はどうしたらいいのかを考えるいい機会でしょう。上司や同僚の意見もしっかり受け止めて下さい。

コラム

基本的生活習慣は、幼児期に身につけるものです。社会人として最低順守しなければならない規律と、習得しておかなければ健全な生活を送るための習慣をいいます。社会に出て身につけるものではありません。今からでも心してチャレンジして下さい。新しい自分に巡り合うことでしょう。

自分の身の回りや、心が落ち着かず乱れているから、余計あたふたしてしまうのではないでしょうか？　まず、身の回りの整理整頓から始めましょう。身の回りがすっきりすると気持ちも落ち着き、何かやりたくなるものです。それから次のステップに……、というように生活リズムも整ってきます。生活の立て直しは、まず決まった時間に起きて、決まった活動をすると、一日が気持ちよくスタートできます。

社会に出て働こうという人は、その自覚と仕事ができる体を作らなければ、どんな仕事もできないでしょう。まして、保育者は未来の可能性をいっぱい秘めた子どもたちを育てる仕事です。目の前の先生がお手本なのです。

　まず、自分を見つめ、何が得意で何が不得意なのか考えてみて下さい。どうしたらいいか、おのずと答えが出るはずです。

10 コミュニケーション能力

ひろき先生はとても真面目ですが、同僚や保護者と会話をあまりしません。連絡事項はメモやメールで済ますことが多く、直接やり取りをしたがらないのです。クラスの子どもがケガをしたときも、遅番の先生に直接説明しないので、保護者にきちんと状況を伝えることができません。また、自分が困っているときにもSOSを出さないので、かえって同僚に迷惑をかけることもあるのです。

● マイナスポイント

一見「筆まめな先生＝いい先生」と捉えがちですが、文面では誤解も招きやすく、「毎日会っているのになぜ口で言わないの？」と不満が募ります。そこから不信感に変わり、関係性が崩れていきます。

またSOSを出さずにいると、土壇場になって慌ててしまいますし、連絡が滞ると職員関係が悪いのでは？と詮索され、園全体の評価にも反映していきます。

コラム

インターネットやSNSの普及だけでなく、2019年からはコロナ禍の影響もあり、以前に比べ対面で話す機会が激減しました。しかし、保育者の仕事の大半は対面のコミュニケーションで成立しています。企業が採用時に重視する資質の第一位は、16年連続（2004年〜2020年、日本経団連）で、「コミュニケーション能力」なのです。情報共有や意思疎通がスムーズに行える力が、保育現場では重要です。惜しまずに発揮しましょう。

実は今日、○○くんが庭でころんで、ほっぺたをすりむいてしまいました。詳しくは、こちらに書いてありますので、お宅に帰ってお読み下さい。

◉ アドバイス

　特にケガをしたときは、園側として保護者に説明責任がありますから、口頭、書面と二重三重に伝えることで、保護者の心情を和らげることになり、今後の関わりもプラスになります。それは自己満足ではなく、園の代表の一人であることを自覚することが大切でしょう。また、職員間のスムーズなコミュニケーションは、園全体のイメージアップにつながりますので、「これは伝達しなくても……」と思ったことでも報告するよう心がけるとよいでしょう。

このような場合どんな風に対応したらよいのでしょうか？

◉ ステップアップ

　「三人寄れば文殊の知恵」といわれるように、一人で悩んでいるより、まずは同僚に相談してみましょう。きっと新しい発見があると思います。相談されて嫌な気持ちになる人は少ないので、子どものためにも遠慮せず、先輩にも聞くことのできる環境が理想ですね。職員間で仲良く会話をしている姿を、子どもたちはちゃんと見ています。職員間が不仲だと、大人に気を使う子どもを育ててしまいますので、勇気を出して何でも聞いていきましょう。

11 返事ができる

たかこ先生は、何かをお願いしても返事を返してくれません。分かっていないのかと思い再度お願いすると、「分かってます」といった顔をします。でも、時には分かっていないこともあるのですが、返事がないので区別ができません。先日も、遠足の救急用品の準備を頼んだのですが、返事がなく、分かっていると思っていたら、前日になって準備ができていないことが発覚しました。

たかこ先生！
この前、お願いした
あのことだけど……

・・・・・

● マイナスポイント

子どもに「お返事は？」と指導していませんか？ 返事は相手に自分の意思を「返す事」です。返事をしない行為は無視することであり、保育者である前に人としてよくありません。

「自分が分かっているから大丈夫」では相手に通じませんし、態度で示すこともよくありません。それを子どもは見ていますので、同じ態度を取るようになる可能性があります。保育者は子どもの「環境」の一部であることを忘れてはなりません。

コラム

「黙っていても、顔が声と言葉を持っていることがよくある」古代ローマの詩人オウィディウス（紀元前43－紀元18）の言葉です。同じように日本では「目は口ほどにものを言う」といわれます。感情は、態度ではなく言葉で表現しましょう。返事の上手な人は、人との付き合いも上手なようです。

● アドバイス

「はい」だけが返事と誤解していませんか？ 分かったなら「分かりました」、理解できなかったら「もう一度説明していただけますか？」、納得いかなければ「私はこう思いますがいかがでしょうか？」など、相手に分かるように言葉で「返す事（返事）」を習慣づけましょう。

実際に行ってみたら分からなかった（難しかった）場合には「～が私には分からなかったので教えていただけますか？」と具体的に聞いてみましょう。

● ステップアップ

自分の意思を言葉で伝えることにより、相手が自分を理解してくれます。自分を理解してくれたことにより、話題が広がります。話題が広がることが、意思の疎通につながります。スムーズなコミュニケーションは、園全体のイメージアップの根幹です。職場の風通しが良くなり、仕事もしやすくなります。つまり言葉で表現することにより、コミュニケーション能力も身についていくのです。

12 協調性がある

　幼稚園は行事の前になると、とても忙しくなります。さまざまな準備をみんなで分担して進めます。でも、じゅんこ先生はいつも自分の仕事が終わると帰ってしまいます。「自分の分担は終わらせているのだから問題はない」というのですが、仕事の量は必ずしも公平に分けられません。早く終わった人は他の人の手伝いをすることになっているのですが、じゅんこ先生には通じません。

おさきに失礼します

● マイナスポイント

　園の行事の目的の一つは「みんなで協力して一つのものを作り上げる」ことです。業務分担は、あくまでも便宜上分けているだけで、自分の仕事が終わったら「終わり」ではないのです。「自分のことだけ」しか考えていないと他の職員から不満が生じ、職員間に亀裂が入ってしまいます。そして孤立してしまうことも考えられます。行事の目的である「協力」を意識するようにしましょう。

コラム

　「才能で試合に勝つことはできる、だがチームワークと知性は優勝に導くんだ」米国バスケットボール選手、マイケル・ジョーダン（1963−）の名言です。チームワークの大切さを改めて考えてみましょう。保育は他の保育者や保護者等子どもを取り巻く多くの人たちの協力があって、より効果が期待されるのです。

● アドバイス

行事準備の分担についてしっかり把握すること、進捗状況をお互いに声をかけ合うことにより、みんなで協力する体制ができてきます。具体的には、分担表を作成してみんなが見えるところに貼り出し、できたものをチェックする「見える化」を図ることで声もかけやすくなります。自分が先に終わったら、協力できることはないか、他の職員に聞いてみるとよいでしょう。職員一丸となって取り組む姿勢が、子どものお手本になるのです。

● ステップアップ

クラス担任を受け持ったら、「自分のクラスだけを運営していけばいい」というものではありません。同年齢のクラスとの足並みをそろえ、年齢相応の課題をバランスよく進めていくことが大切です。月案計画時には全体会議を、週日案計画時には年齢別会議を開き、行事計画は早めに職員会議で話し合うとよいでしょう。話し合うことに慣れることで、意見も活発に出し合うことができますし、より良い保育につながります。

13 気働きができる

かな先生はあまり周りの様子に気を配りません。荷物を両手に抱えていて扉が開けられないで困っている人のそばを、何も言わずに通り過ぎます。保育中も、園庭でケガをした子どもの対応をしなければならないので、クラスの子どもを見ていてほしいのに、全く気が付きません。頼めばやってくれますが、自分から進んで、周りの様子に気を配って動くということはないのです。

● マイナスポイント

「困っている人を見たら助ける」という行動を起こすには、それを察知しなければなりません。事例では、目の前の事象は「荷物を両手に抱えている先生」「園庭でケガをした子どもがいる」です。そこからどう感じるかがその後の行動に反映します。保育場面でも子どもの行動だけを見ていては、その行動の裏に隠れている気持ちを理解できず、「どうせ僕のことなんか分かってくれない」とすれ違いが生じていきます。

コラム

周囲の様子に気を配ることができるのは、生まれ持った天性のものなのでしょうか。育った環境にも大いに影響されるでしょう。しかし、家族以外の他人から親切にされた経験が多くあれば、それをほかの人にも親切にしてみようと思うのが人情。周りに気働きできる大人（保育者）がいれば、自然と子どもも気働きができるようになるのです。

せんせいと一緒に
待っていようね

　目の前で起こっている事象から想像力を働かせ、次の行動を考えるようにします。「部屋の中に入る。でも荷物が多くて扉が開けられない」「子どもの対応、残された子どもを見る人がいない」と考えると、必然的に「扉を開ける」「子どもを見る」という行動を取ることができます。

　このように冷静に考えれば当たり前のことなのです。それを毎日の生活の中で自然に、また瞬時に判断できるようになるとよいと思います。

　保育の場面で考えてみましょう。

　泣いているA君、その横で玩具を持っているB君がいます。

　①A君がB君の玩具を取ったのでB君が取り返した。それでA君が泣いた。②A君が自分の玩具をB君に取られたと泣いた。——①②のいずれが事実かを考慮せず、「泣いている」という事象だけに目を向けていると、いきなりB君を注意しがちです。どんなことでも「気」を働かせ、事象の前後を考慮する習慣をつけることで、気働きのできる人になれるでしょう。

B君　　A君

①②……
どのパターン
かな？

14 時間を守る

保育所では保育時間が長いためシフトを組んで保育を行います。そのため出勤時間や退勤時間も日によって違います。なかでも出勤時間は少し余裕を持って来る先生がほとんどです。ところがあい子先生はいつも時間に少し遅れてきます。寝坊したのではなく、化粧も髪もしっかり整えてあり、悪びれた様子はありません。どうやら時間を守る、という意識が足りないようなのです。

● マイナスポイント

保育所に限らずシフト制の職場では、シフトを組むことで仕事が成り立っています。勤務時間は仕事に就く時間であり、職場に着く時間ではありませんし、作業着に着替える時間は勤務時間に含まれません。また勤務時間から給料が発生していますので、決められたシフトの時間に仕事に就くのは当然のことです。この「時間を守る」ことをしなければ、職員間で信用されなくなるばかりか、幼児になるとシフトを理解しますので「先生遅かったね」と言われかねません。

コラム

時間に関する名言を紹介します。ベンジャミン・フランクリン（米国政治家、1706－1790）は時間を厳守した人として有名です。「時間を守る人は信頼される」、また、「時は金なり」「今日できることを、明日に持ち越してはいけない」「君は遅れるかもしれないが、時は決して遅れない」などもあります。

● アドバイス

学生時代は、遅刻しても誰にも迷惑をかけることはなく、自分が困るだけでした。しかし、社会人になると仕事を構成する一員なので、自分が遅れることでどのような迷惑をかけているかを認識し、遅刻は絶対にしないよう心がけましょう。

ただ生身の体ですから、体調が悪くて、どうしても時間に遅れそうなときなどは、残された職員で対応できるよう、早めにその旨の連絡をしましょう。シフトの変更まで手配し、連絡できればベストです。

● ステップアップ

時間に遅れると周りの人に迷惑をかけます。知らず知らずのうちに相手の時間を奪っていないか視点を変えて考え、そして気をつけていきましょう。

守らなければいけない時間は、出勤時間だけではありません。会議開始時間、行事のときの集合時間、広い意味では提出物の期限も含まれます。仕事上約束された時間や期日を守ることで、信頼されるようになっていきます。時間は、自分にとっても相手にとっても貴重な財産なのです。

15 読み書き

幸子先生はいつも「本を読むのが苦手」と言っています。そのためか、幸子先生の書く連絡帳は内容が伝わりづらく、保護者から苦情が来ることがあります。また、誤字・脱字も多いため、お便りなどを作るときには他の先生方の確認が必要です。特に年度末に書く保育所児童保育要録については、時間がかかる上に内容がまとまらず、昨年度分も終わっていないので困っています。

● マイナスポイント

　連絡帳やお便り等を通して園生活における子どもの姿を伝えていくことは、保育者としての重要な責務ですが、その「説明責任を果たす」ことができていません。誤字・脱字や誤った表現は、誤認や誤解を招く恐れがあります。

　また保育所児童保育要録は、子どもの育ちを支えていくために、小学校への送付が義務付けられている重要な媒体です。子ども一人ひとりの育ちの過程や発達の状況を捉え、年度内に正確に作成する必要があります。

コラム

　ラーニング・ストーリーでは、子どもが、①何かに関心を持つ、②熱中する、③困難や、やったことがないことに立ち向かう、④考えや気持ちを表現する、⑤自ら責任を担う――のいずれかの姿が見られるときに記録します。この5つの視点を意識して、今日から記録を取ってみましょう。簡単なメモでも構いません。幼児理解を深めるツールとして活用できます。

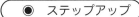

　文章を書く際には、読み手の立場を意識してみましょう。文章の中に、5W1H（いつ・どこで・誰が・何を・なぜ・どのように）の情報が含まれていると、状況や事実関係が読み手に伝わりやすくなります。分からない漢字等がある場合は、その都度調べて正しく表記するよう心がけましょう。また、本を読むことは、知見を広げ、豊かな文章表現を習得できる近道です。親しみやすい分野から、読書を習慣化してみましょう。

　今、ここに生きる子どもたちの生き生きとした学びの姿をタイムリーに記録していくことは、日々の保育を展開していく上で大切です。

　ニュージーランドでは、保育者が子ども一人ひとりの学びの過程を捉え、記録し、幼児理解を深めながら個人のポートフォリオに収めています（ラーニング・ストーリーと呼ばれる）。

　かけがえのない「その子ならでは」の学びの過程を、保護者や子ども自身さえも自由に手に取り、振り返ることを可能にしています。

16 報・連・相
ほう　れん　そう

わたる先生は報告を忘れることがたびたびあります。クラスで起きたトラブルについて報告をしないので、対応が遅れて問題になることがあるのです。先日は、子ども同士のけんかで、一人の子が引っかき傷を作ったことを園長に報告せず、保護者への説明が不十分になって相手を怒らせてしまいました。また、子どもの早退連絡をしなかったので、保護者からの信頼も失ってしまいました。

● マイナスポイント

出来事を随時報告することや、トラブルが起きた場合の事後対応の重要性が十分理解できていません。そして迅速さに欠け、正しい判断のもとでの対応ができていないため、問題を大きくしてしまいました。また、ケアレスミスを何度も繰り返しているため、保護者との信頼関係を築くことが難しくなっています。このままだと対話が成り立たなくなり、子どもの育ちを支えるために、よりよく家庭との連携を図っていくことができなくなってしまいます。

コラム

保育者としての業務は、多岐にわたります。重要な物事を忘れないようにするための方法として、付箋等を活用し、簡単な「To Do（やること）リスト」を作成することはとても効果的です。今、自分自身がやるべきことと、その物事の優先すべき順位が分かり、漏れなく対応していくことが可能となります。

● アドバイス

　職場はチームです。問題や情報を一人で抱え込まずに、迅速に「報告・連絡・相談」し、情報共有を心がけ、指示やアドバイスを仰ぎましょう。報告の際は、物事のこれまでの経緯と現状を的確に伝える必要があります。連絡する際は、事実を関係者全員に周知することが大切です。また、他者に相談することで、抱えている問題等に対して多角的視野を持つことができ、物事を判断していく上での参考意見や、アドバイスを得ることができます。

● ステップアップ

　「報告・連絡・相談」は、こまめに行うことが大切です。その誠意のある姿勢が、よりよい信頼関係の構築に結びついていき、物事が円滑に進むようになります。また、他者に状況を説明する際は、結論を先に話すよう心がけましょう。そうすることで、話の全容が相手に伝わりやすくなります。なお、事実と自分の意見や憶測を分けて話すことも重要です。「報・連・相」のコツをつかみ、豊かなコミュニケーション力を身に付けていきましょう。

17 来客対応

園には、保護者以外にもいろいろな来客があります。日頃からお客さまには「丁寧な対応を」と職員に伝えてありますが、さおり先生はどうしたらよいか分からないようです。先日も来客があったときに、玄関から大きな声で園長を呼びました。その後、園長がスリッパを出してお客さまをご案内したのですが、お茶も入れず、知らん顔で自分の仕事を始めてしまいました。

● マイナスポイント

お客さまの前で大声を出したり、応対の全てを園長に任せきりにしたりしてしまうことは、配慮に欠け、丁寧な来客対応とはいえません。来客があった場合には、お客さまをその場で待たせることなく、スリッパを出し、応接室等へスムーズに案内するのが基本です。また、危機管理の面から、来客の最低限の情報は把握しておく必要があります。お客さまの名前・所属・用件を伺い、場合によっては入退時間も把握するようにしましょう。

コラム

事前に把握している来客に対しては「お待ちしておりました」と言葉を添えて、応接室などへ案内しましょう。アポイントなしの来客があった場合、どう対応するのか、マニュアルをあらかじめ確認しておきます。昨今は物騒な事件も多いので、場合によってはインターホン越しの対応で済ませている園も多いのではないでしょうか。

どうぞ、園長室までご案内いたします。

● アドバイス

　来客があった場合には、明るく挨拶をし、お客さまを迎え入れ、用件等を伺い、応接室等へ案内します。スリッパはお客さまが履きやすい向きに出します。廊下はお客さまの左側2、3歩斜め前を歩き、階段を上る際には、お客さまより高い位置に立たないよう先にお通しし、下る際には自分が先に進むようにします。

　案内後は、用件に応じて園長または対応すべき職員へ迅速に伝達するとともに、お茶などを手早く準備し、おもてなしの心で応対しましょう。

● ステップアップ

ようちえん

　来客対応の良し悪しは、対応した職員個人の印象ではなく、その園の印象となります。地域に開かれた保育サービスを提供する組織として、気持ちのよい応対を心がけましょう。常日頃から相手の立場になって物事を考えながら過ごすことで、状況に応じたその場にふさわしい行動ができるようになります。また、他者への思いやりや心遣いは、温かい言動として表れ、子どもたちにも優しい気持ちやマナーが伝播（でんぱ）していくはずです。

18 事故処理能力

園庭で遊んでいるときに、ジャングルジムから一人の子どもが落ちてしまいました。そばにいたまさし先生が様子を見ていたのですが、子どもの状態を確認するどころか、先生自身がパニックになってしまいました。そのときに園庭で遊んでいた他の子どもたちも大騒ぎになり、周りの先生がすぐにその子どもたちを落ち着かせましたが、これでは他の事故まで誘発してしまいそうです。

◉ マイナスポイント

事故が起きてしまった場合、その場での迅速な対応と、事故の説明責任が求められます。いち早く子どもの様子を確認し、必要に応じて応急処置を行ったり救急車を手配するなど、冷静な判断が必要になります。また、周りの子どもたちが動揺して、新たな事故が発生しないように、的確な指示を出す必要があります。周りの保育者らと連携しながら、素早く行動しなければなりませんが、慌ててしまい対応が遅れているところが問題です。

コラム

「ピンチはチャンス」という言葉があります。ミスや失敗は、見方を変えれば、想定外の気づきや学びをもたらし、新たな視点で物事を捉える機会となります。困難や苦境に直面した場合にも、現実を受け止め、冷静な判断でチームの一員として的確な行動を取り、状況を良い方向へ転換していきたいものです。

◉ アドバイス

事故発生時は、一人で判断・対応することは危険ですので、すぐに園長や周りの保育者らに報告し、指示を仰ぎましょう。また、保護者への謝罪と事実の説明責任を果たす必要があります。そのために、何が原因で「いつ」「どこで」「どのように」事故が発生し、保育者として「どのような」対応をして現状に至ったのかを、明確にしておくことが大切です。きちんとした説明責任を果たし、信頼回復に向けて誠意を尽くすことが求められます。

◉ ステップアップ

これまで、園生活における子どもの事故の可能性について考えたことはありますか？ 「きっと大丈夫」といった考えでは、手遅れになる場合もあります。あらゆる事故を想定し、事故が起きた場合はどのように対応するか、組織として具体的な共通認識を持ち、シミュレーションしておくことはとても有効です。そうすることで、万が一の事故発生時に、迅速かつ適切な行動を取り、被害等を最小限に食い止めることが可能となります。

19 笑顔

まさみ先生は表情が固く、口を開けて笑う姿はあまり見たことがありません。はきはきしていますがいつも厳しい表情なので、まさみ先生がいると子どもたちは緊張しているように見えます。子どもたちが先生に笑顔を向けても、先生が笑わないので子どもの笑顔も消えてしまっています。クラス全体はきちんとしているようですが、子どもらしい明るさに欠けているように見えます。

● マイナスポイント

　子どもは、周囲の大人の表情や反応をモデルとしながら、自分自身の感情の表現方法を学んでいきます。その大事な時期に関わる保育者の表情が固く、笑顔が見られなければ、子どもはうれしいとき、楽しいときにどのように表現してよいか分からなくなってしまいます。また、一緒に喜んでほしい、褒めてほしい、という子どもの気持ちを拒否することにもなってしまいます。子どもが先生の顔色をうかがいながら生活するようになりかねません。

コラム

　化粧は人の顔を変えることができます。しかし、表情を作るのはその人の内面です。笑顔だけでなくその他の表情も豊かな人は、感受性が豊かな人でしょう。仕事以外にも、心を動かす経験をするとよいでしょう。また、知性も人の顔を作ります。常に学ぶ気持ちが大切です。

 アドバイス

　子どもでも大人でも、相手が笑顔
で接してくれると安心するものです。
そのときに「自分を受け入れてくれ
ている」と感じるのではないでしょ
うか。

　担任とクラスの子どもとの関係は、
担任がまず子どもたちを受け入れる
ことから始まります。そのためには
笑顔は重要です。クラスの子どもた
ちが先生を大好きになり、安心して
毎日を過ごすことが、園での活動の
効果をさらに高め、子どもらしい健
全な発達を促すことにつながります。

　　●　ステップアップ

　笑顔が少ないのは、生活に充実感
がないからでしょうか。それとも表
情を出すのが苦手なのでしょうか。

　表情を豊かにするには、豊かな表
現力を持つ人の姿を見ることが参考
になります。例えば、演劇やコン
サートに行ったり、本を読んだりす
ることも良いかもしれません。

　いろいろな経験は、新しい世界を
開き、楽しく学ぶことで、心が動か
され、その豊かな経験が、笑顔の自
分に変えてくれるでしょう。

3

●

保育者の基本

20 幼児発達の理解

年少児の担任になったようこ先生は、これまで4歳児と5歳児の年長児担任ばかりでした。ある日、おもちゃの取り合いでけんかになったので、ようこ先生は子ども同士で話し合いをさせようとしました。また他の日には、みんなと一緒に絵本を見ないで、自分のやりたい遊びを続けようとした子どもを、廊下で長時間言い聞かせていました。年少児と年長児の発達の違いが分からないようです。

● マイナスポイント

保育者は保育の専門家であるはずです。子どもの発達について、知識と経験を基に専門的な関わりができるのが保育者です。初めての学年を担任したとしても、その発達段階について理解しておくべきでしょう。例えば、子どもの発達より高い段階の運動遊びを計画してしまったら、子どもがケガをするかもしれません。逆に子どもの発達段階を無視して、なんでも援助してしまったら、子どもが自分でやろうとする気持ちが育ちません。

コラム

幼児の発達といっても、身体面、心理面、運動面、基本的生活習慣など、さまざまな側面があります。それらが総合的にバランスよく発達していることが大切です。同時に、発達には個人差があることも念頭に置き、一人ひとりの発達を総合的に捉えることが大切です。

◉ アドバイス

　教育課程や保育課程などが各園にあるはずです。その中には、入園から卒園までに、子どもたちが発達に沿ってどのような経験をし、どのような育ちを期待するのかが記されています。それらをよく理解することで、発達についての理解が、ある程度できるのではないでしょうか。さらに、保育所保育指針（解説書）や幼稚園教育要領（解説）などの発達に関連する箇所をよく読むことも大切です。

◉ ステップアップ

　保育者にはさまざまな研修の機会があります。職場で勧められた研修だけでなく、子どもの発達を理解するための研修にも、積極的に参加するとよいのではないでしょうか。研修というと、すぐに役立つ実技に人気が集まりますが、時には子どもを理解するための勉強をすることが大切です。子どもの発達が理解できてくると、子どもの行動に対する理解も変化し、関わり方にも余裕が出るものです。

21 観察力

3歳児担任のみえ先生は、子どもたちの姿をしっかりと観察できていないようです。ある日、ゆう君とたか君がブロックでおもしろそうな乗り物を作って、大事にそれを並べていました。しかし、それに全く気付いていないみえ先生はブロックを壊してさっと片づけてしまいました。また、一人で片づけを頑張っている子どもにも気付けず、子どもたちの本当の姿が見えていないようです。

● マイナスポイント

幼児は言語能力が十分に発達していないので、言葉による表現だけに頼っていては、子どもの気持ちを十分に理解することはできません。そのため、子どもたちの行動や表情などをしっかり観察することが、子ども一人ひとりを理解するためには大切なことになります。観察力が弱いと、子どもの内面を正しく理解できないでしょう。また、体調の変化に気付くことができない場合もあり、子どもの健康や安全を守る上で、大きな問題となってしまいます。

コラム

保育者同士で保育の場面について話し合う、保育カンファレンスを行っている園は少なくないでしょう。新人もベテランも関係なく、保育の一場面についてどのように子どもを理解するかを話し合います。そのような機会をたくさん持つことも観察力や理解力を高めます。

● アドバイス

　観察力をつけるには、子ども一人ひとりの様子に、細かく目を向ける気持ちを常に持っていなければなりません。クラス全体を動かすことや、その日の予定をこなすことにばかりに気持ちを向けていては、一人ひとりの姿を捉えることができなくなってしまうこともあります。毎日の保育が終わった後、子ども一人ひとりの様子を思い出してみましょう。そして、そのときの子どもの気持ちを考えてみるとよいのではないでしょうか。

● ステップアップ

　子どもの姿を思い出すだけでなく、そのときの子どもの気持ちを考え、翌日の保育にどのようにつなげることができるかを考える習慣をつけましょう。そうすることで観察することの大切さや、そのことによって保育が変化していくことを実感できるはずです。また、自分一人では十分観察できなかったときには、他の先生からも情報をもらい、一緒にそのときの子どもの内面について意見を交換し合うことで、さらに深い観察ができるようになります。

22 子どもの目線に立つ

　1歳児を初めて担任したこうき先生は、クラスの子どもたちと話すとき、立ったまま腰を曲げます。背が高い先生の顔は、子どもの顔よりかなり高い位置です。ある日クラスの子どもが何やら指さしていますが、こうき先生には何のことか分かりませんでした。実は、子どもたちにはテントウムシが見えたのですが、残念ながらこうき先生は発見の喜びを共感できませんでした。

● マイナスポイント

　子どもの体は大人に比べてかなり小さいです。先生がしゃがんでくれなければ、視線を合わせることもできません。ですから、立ったままの姿勢では、子どもの見ている世界は見えないのです。これでは子どもたちが何に関心を持っているのか分からないし、何が怖いのかも分からないでしょう。子どもたちがすてきなものを発見しても、高い位置から見ていては見逃してしまいます。

コラム

　保育所には午睡の時間があります。保育者は寝かしつけるときには傍に寄り添っていると思いますが、時には一緒に横になって添い寝をすることも必要です。それによって、暑すぎたり寒すぎたりする場所があることに気付くことがあります。なにより、子どもたちが喜びます。

● アドバイス

子どもと関わるときには、必ず子どもの目線まで姿勢を低くするように心がけましょう。特に、子どもが何かを訴えてきたときや、泣いているときなどは、腰を下ろして子どもと向き合うことが大切です。目線が同じ高さになるだけでも、子どもの心は落ち着くものです。そして、その姿勢は子どもの心を受け入れる気持ちを表しています。高い位置から声をかけるだけでは、「自分は子どもより上の立場だ」と言っているようなものです。

● ステップアップ

子どもの目線になると意外な発見があるものです。時には危険な箇所を発見することもあります。例えば、子どもの顔の高さにくぎが出ていたり、木の枝が飛び出していたり、といったことがあります。また、子どもの目線から見ると、壁面の装飾がよく見えなかったり、汚く見えたりすることもあります。絵本を読むときやお話をするときにも、子どもの位置からはどのように見えているのかを考えることが必要でしょう。

23 専門的知識を持つ

ゆう子先生は初めて1歳児を担当しました。1歳児は徐々に一人で食事ができるようになります。もちろん、こぼしたり遊び食べをしたりするので、保育者の援助が必要ですが、自分で食べようとする意欲を大切にする時期です。でもゆう子先生は、最初から全部食事を食べさせてしまいます。自分で食べさせるようにしてほしいと注意しても、こぼすからという理由で食べさせています。

(● マイナスポイント)

　子どもたちが小学校に入るまでに、基本的生活習慣を身につけることは幼児期の発達課題の一つとなっています。保育者は子どもたちの援助をしながら、子ども自身が習慣を身につけるように促さなければなりません。せっかく子どもが自分でやろうとする意欲を見せているのに、それを止めてしまっては、自分でやろうとする気持ちをなくさせてしまいます。このまま食べさせていると、いつまでたっても一人で食べることができるようにはなりません。

コラム

　平成20年告示の保育所保育指針は、大綱化により基本的な事項の内容の記載に限られました。しかし、平成11年改定の保育所保育指針には、基本的生活習慣の指導に関しての細かい記載があります。「発達」について学ぶ際の参考になるので、目を通しておきましょう。

◉ アドバイス

　子どもの発達援助には、適した時期と適した順番があります。保育者は、その時期や順番を知識として持っていなければなりません。また、援助の方法も知っていることが保育者と親との違いであり、保育者が専門家である理由です。特にトイレットトレーニングや好き嫌いといった生活習慣に関しては、保護者からの質問も多く、保育者の専門家としてのアドバイスを頼りにしています。そしてそのような保護者を支えることも、保育者の役割です。

◉ ステップアップ

　専門知識は、常に新しく更新していかねばならないものです。なぜなら、常にその分野での研究がなされ、新しい見地が明らかになっているからです。養成校で学んだ保育知識は、その時点では最新であっても、その後変わる可能性は十分あります。専門性を持った保育者として、常に新しい知識を求めて学び続ける姿勢を持つことが大切です。新聞などによる情報収集、専門書による学び、時には学会発表などにも目を向けるとよいでしょう。

24 保育内容

まみ先生は初めて年長児を受け持ちました。そのためか、クラスの環境が幼稚な感じです。ある日、子どもたちは園庭で飛んでいるチョウを捕まえ、その種類をまみ先生に聞きました。すると「よく分からないわ。かわいそうだから早く逃がしてあげて」との返事でした。クラスの本棚に虫の図鑑を用意しておけば、子どもたちは自分で調べることができたのに、とても残念です。

● マイナスポイント

子どもたちが何を求めているのか、どのような環境を作ったらよいのかを考えないで保育をしていると、子どもの発達を促すことができません。子どもたちは常に、さまざまな興味や関心を持って生活していますが、その気持ちに応えないでいると、そのような興味や関心を持たなくなってしまいます。保育者の指示を待つばかりになり、生き生きとした遊びを展開できず、せっかく生まれた科学の芽を摘むことにもなってしまうのです。

コラム

平成29年、保育にかかわる3要領・指針が同時に改訂（定）。幼稚園、保育所、認定こども園における幼児教育の内容を統一。子どもの育ちの連続性を重視した「幼児期の終わりまでに育ってほしい姿」を示しています。5領域をもとに10個の具体的な視点から、幼小接続を推進しスムーズな移行へとつなげます。

●　アドバイス

　保育現場での保育は、子どもたちの発達段階に沿って計画的に展開しています。適した環境を設定し、子どもたちはその環境に自主的に関わることで、さまざまな経験をしながら発達していきます。そのため、日々の子どもたちの姿を捉えながら保育内容を検討し、常に適切な環境を考えていかなければなりません。発達過程を理解し、発達を促すためにはどのような環境が必要か、常に次のステップを見通しておく必要があるでしょう。

●　ステップアップ

　園には、各園の教育課程、保育課程があります。それらを基に自分の受け持ち学年だけでなく、園生活全体を見通した子どもの発達を知っておくことが大切です。その上で、年間計画を立て、さらに月案や週案を作成します。実際の保育は計画通りにはいきませんが、保育後には必ず子どもたちの姿を振り返り、その後の保育内容を計画するようにしましょう。

25 保育技術

幼稚園の3歳児クラスの入園時期はとてもにぎやかです。あきら先生はそんな3歳児クラスを落ち着かせることができずに困っています。もともとピアノはあまり得意ではないのでほとんど弾きません。手遊びも、一本調子になるので盛り上がりません。話をしようとしても、子どもたちは泣いたりけんかしたりで落ち着かないので、注目させたいときは、つい大声を出してしまいます。

● マイナスポイント

入園したばかりの子どもたちは、新しい環境の中で不安いっぱいの気持ちで過ごしています。その不安を解消するには、保育者との信頼関係を築くことが大切です。そのためには、楽しい遊びをたくさん提供し、幼稚園が楽しい場所であること、先生と遊ぶと楽しくなることが大切です。しかし、大きな声を出して指示してばかりでは、子どもの不安は消えるどころか、ますます大きくなってしまうでしょう。

コラム

手遊びは元の歌詞以外にもさまざまな替え歌があります。例えば「ひげじいさん」はドラえもんやアンパンマンなどの替え歌でもよく歌われます。子どもと一緒に替え歌を作って、オリジナル手遊びで遊ぶのも楽しいのではないでしょうか。

● アドバイス

　興奮状態の子どもたちに対して大きな声を出すと、さらに興奮が増してしまったり、逆に先生を怖いと感じたりしてしまいます。そのようなときには、子どもたちが自然とひきつけられるような歌や手遊びといった保育技術が必要です。

　手遊びを先生が楽しそうに始めると、興味を持った子どもたちが自然と集まってきます。集まった子どもたちと一緒に手遊びをしていると、他の子どもたちも興味を持って近寄ってくるので、大声を出す必要はありません。

● ステップアップ

　子どもたちは新しい遊びが大好きです。年齢に合わせた手遊びやゲーム、歌など、子どもたちが楽しめる技術を多数身につけておくことで、自分自身も焦らないで保育ができるようになります。ピアノが苦手な人は、それ以外の楽器を使ってもよいのです。

　まずは自分が得意な技術を1つ身につけるようにしましょう。また、研修などにも積極的に参加して、常に技術を磨く努力をすることが大切です。

3

● 保育者の基本

57

26 表現する力

みほ先生は、表情が硬く、声も大きくありません。子どもたちは褒めてほしいとき、みほ先生に真っ先に駆け寄りますが、彼らがうれしくなるような褒め方ができません。また、絵本を読んでいても、せりふなどが一本調子になるので、子どもたちは絵本の世界に入っていけないのです。毎月の誕生会での出し物では、みほ先生にナレーター以外の役を割り当てることができずにいます。

● マイナスポイント

よくできましたね…

せんせー

子どもたちは先生の表情や声の調子をとても気にしているものです。一緒に楽しんだり、喜んだりしてくれる先生が大好きです。先生の表情が硬いと、子どもは怒っているように感じてしまいます。頑張って縄跳びができるようになったことを報告したのに、先生に笑顔がなければ、自分の頑張りは認められていないと感じてしまうことでしょう。次も頑張ろうとする気持ちが湧かなくなってしまいます。

コラム

子どもの情緒は5歳くらいまでに大人と同じくらいに分化します。そして、その情緒を表現する方法を、周りの大人から学びます。無意識のうちに大人の表現を模倣するのです。そのため、モデルになる大人は表現力が豊かでなければなりません。

　保育をする上で表現力はさまざまな場面に必要です。子どもたちの気持ちに共感するときに、表現力がなければ子どもたちには伝わりにくいでしょう。絵本を読んだり、お話をするときにも表現力は大切です。また、模倣遊びでは楽しく表現ができなければ、楽しくならないでしょう。先生自身が豊かな表現を楽しそうに示すことで、子どもたちは、その世界に入り込んで遊ぶことができるのです。

　表現力を高めるには、さまざまな表現に触れて感性を豊かにすることが大切です。きれいな景色を見たり、音楽や映画、絵画などに触れることもよいでしょう。本を読むこともとても大切です。感動する感性を育てましょう。また、表現力が豊かな人と接することで、自然に自分の表現力が高まるものです。仕事も大切ですが、余暇をうまく使って、自分自身の人間力を高める努力をすることが望まれます。

27 指示がなくても動ける

新人保育者のさとる先生は、分からないことは質問し、指示されたことは
しっかり行います。一見すると一生懸命に見えますが、指示されたことしかや
りません。どうも、自分がどうしたらよいかを考えていないようです。そのた
め、いちいち指示をしないと仕事が進みません。自分で考えて行動したときに
「もし失敗したら……」と不安なため、自ら行動することをしないようです。

● マイナスポイント

保育現場は毎日がとても忙しく、
新人の保育者は覚えることがたくさんあると思います。最初は先輩から
教えられながら仕事をこなしていくでしょうが、いつまでもそれでは困
ります。忙しい中で指示を出すことは手間がかかるのです。指示がなければ動けないのでは、半人前です。
保育がスムーズに流れていくためには、次の流れを予測して動かなければ、子どもたちの動きも混乱してしまいます。

コラム

「失敗は成功のもと」といいますが、実際には失敗を恐れる人が多いもので
す。しかし、小さな失敗を恐れていると、大きな失敗をすることもあります。
P（プラン）D（行動）C（省察）A（再計画）を意識して、失敗を次のステップ
につなげましょう。

　毎日の保育の流れを事前にきちんと頭に入れておくことが大切です。今日はどのような流れで保育が進むのか、スムーズに流れるためにはどのように動いたらよいのか、常に緊張感を持って考えておくことは、保育の専門家としての仕事でもあります。自分が主体的に動けるよう、子どもたちの動きを予想すると同時に、そのとき自分がどのように動くべきかを考えるのです。

　誰でも失敗するのは嫌なものです。しかし、失敗を恐れて何もしないことは、失敗をするより悪いことです。新人の先生から見ると、先輩保育者は失敗などしない立派な保育者に見えることでしょう。しかし、どんな人も新人時代には少なからず失敗をするものです。失敗を糧にして、自分の保育力を向上させるチャンスにしましょう。失敗をしないようにすることよりも、なぜ失敗したのか、その原因を明確にすることが大切なのです。

28 「えこひいき」しない

5歳児担任のまさと先生は、子どもたちとよく遊ぶ元気のよい先生です。しかし、一部の子どもたちはまさと先生に不満を持っています。先日、あっ君が「僕たちたくさん片づけたのに、先生はマー君ばっかり褒めている」と文句を言っていました。あっ君に話を聞くと、まさと先生はマー君が失敗しても叱らないのに、あっ君たちが失敗すると厳しく叱るのだそうです。

● マイナスポイント

先生から見ると何十人もいる子どもたちですが、子どもから見ればたった一人の担任です。どの子も先生とたくさん遊びたくて、先生に愛されたいと願っています。それなのに、先生が特定の子どもにばかり優しくしていては、子どもたちは見捨てられた気持になってしまうのではないでしょうか。クラスの決まりごとも、守る気持ちが薄れてしまうことでしょう。友達同士の関係も悪化しかねません。

コラム

一人ひとりのよさを見つけるためには、毎日の行動記録をつけることが効果的です。1日では分からなかった行動の意味が、何日かの流れの中で見えてくることもあります。また、家庭での様子も参考にしましょう。きょうだい関係などは行動に影響を与えるものです。

　保育者も人間ですから、気の合う子どもと、そうでない子どもがいることがあるかもしれません。しかし、それによって対応が変わるなどというのはもっての外です。保育者は子どもたちのモデルです。他者との関わり方、関係の作り方において、保育者の姿をモデルとして学びます。ですから、保育者は子どもたちに対して平等であるのはもちろん、一人ひとりのよさや頑張りを認めて、伸ばしてやることが大切です。

● ステップアップ

　「えこひいき」をしてしまう原因には、子どもたちの行動の本質を理解できていないことが考えられます。表面的な行動だけを見て、この子は乱暴、この子は物分かりがよい、などと決めつけてはいないでしょうか。

　子どもがどのような気持ちで行動していたのか、よく考えると行動の裏に隠れた優しい気持ちが見えたりするものです。一人ひとりのよい面を見つける努力をしましょう。子どもは、認められればさらに伸びようと自ら頑張り出します。

29 子どもと遊べる

　3歳児クラスでは、ままごと遊びがはやり始めました。でもかよ子先生は、ままごとをしている横でぼんやりしています。るみちゃんがお皿におもちゃの野菜を盛り付けて持って来ましたが、「ありがとう」といって受け取ると、すぐにテーブルに置いてしまいました。るみちゃんはつまらなそうな顔をしています。きっとかよ子先生にお料理を食べてもらいたかったのだと思います。

● マイナスポイント

ありがとう

　子どもと遊ぶことには色々な意味がありますが、まずは子どもたちとの関係を築くために一緒に遊ぶことが必要です。子どもたちは一緒に遊んでくれる先生が大好きです。でも、子どもと遊ぶということは、一緒にいればよいということではありません。子どもの遊びの世界に入り、一緒に楽しむということです。

　子どもと遊べないということは、子どもと信頼関係を築けないということです。子どもにとっては、つまらない先生ということです。

コラム

　遊びには「三間」が必要といわれます。つまり、時間、空間、仲間です。保育者が子どもと遊ぶとき、保育者は子どもの仲間になるわけです。遊びは本来自発的な活動です。それは保育者であっても同様です。自発的に、仲間として、子どもと遊ぶということです。

　子どもと遊べない先生は、なぜ遊べないのでしょう。恥ずかしいのでしょうか、つまらないのでしょうか。それは、子どもを演じようとしているからではないでしょうか。

　子どもと遊ぶ、ということは子どものように演じることではありません。大人の自分が子どもの世界にお邪魔して、一緒に遊ぶのです。わざと子どものように振る舞う必要はなく、自分自身がその遊びを楽しむことが大切です。

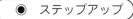

　子どもと遊ぶことの意義はなんでしょうか。子どもの生活は遊びが中心です。子どもと日中の生活を共にする保育者が、子どもと遊べなければ、子どもの生活を無視して保育をすることになります。遊びの中にこそ子どもの本当の姿が現れるものです。だからこそ一緒に遊ぶのです。子どもを理解するためには、子どもと一緒に共感しながら遊ぶことが必要なのです。保育者自身が「遊ぶ」ことを楽しめる豊かな心を持つことが求められます。

30 子どものケガと病気

ノロウイルスによる嘔吐（おうと）がはやり始めたある日、4歳児クラスのゆいちゃんが朝からぐずっていて、午後に嘔吐してしまいました。担任のただし先生は、どう対応したらよいか分からず、クラスの中にゆいちゃんや他の子どもたちを残したまま、嘔吐物を雑巾でふき取り、それを室内の流しで洗ってしまいました。そのため、その後クラスにノロウイルスが大流行してしまいました。

● マイナスポイント

インフルエンザ、プール熱、とびひなど、保育現場で注意すべき病気はこの他にもたくさんあります。子どもたちが集団で生活する場である幼稚園や保育所では、きちんとした対策をしなければ、あっという間に病気が広がってしまいます。例えばノロウイルスは、ひどい下痢と嘔吐を伴い、重症化すれば命にもかかわる病気です。万一嘔吐があった場合、正しい処理をしなければ、かえって病気をまん延させる危険があるのです。

コラム

保育現場で働くとき、一度は救急法の講習会に参加するべきでしょう。消防署や日本赤十字社に申し込めば講習会を開催してくれます。AEDの使い方なども実践的に学んでおくと、いざというときに安心です。感染症に関しては、学校保健安全法施行規則「第三章 感染症の予防」に目を通しておくとよいでしょう。

● アドバイス

　伝染性の病気への対応は園全体で決まっているはずです。熱が出た場合、吐いた場合、発疹が出た場合などは、どのように対処すべきかを知っておくべきでしょう。また、病気がはやり始める兆候が見えたら、再度対処の仕方を確認しておく方がよいでしょう。嘔吐や下痢などの場合は、処理をするための手袋や消毒薬なども事前に準備しなければなりません。ケガに対する対応も、擦り傷、打撲等の処置を覚えましょう。特に頭のケガには注意です。

● ステップアップ

　病気やケガの処置は、いざというときには慌ててしまい、うまくできないこともあります。時々保育者同士で確認したり、練習したりすることが大切でしょう。また、当事者の子どもに対する対応だけでなく、その他の子どもの安全も確保しなければいけません。病気でもケガでも、その事態が生じたときには冷静になり、他の保育者にも声をかけて、全ての子どもの安全を守りましょう。常日頃から保育者同士が連携できていることが求められます。

31 危機管理

月に1度行われる避難訓練の日に合わせ、わかたけ幼稚園では先生方が園内点検や研修をします。けんた先生は副担任だからか、いつも上の空のようでした。ある日、100mほど離れたパン屋さんが火事になり、園児全員が避難することになりました。訓練をしていたので、園児は先生の指示に従って避難できたのですが、けんた先生はおどおどするばかりで何もできませんでした。

● マイナスポイント

保育現場は自分では危険の判断ができない乳幼児が、集団で生活をしています。まだ歩けない子どもは避難の際におんぶをしなければなりません。そのような子どもたちの安全を守るには、いざというときに素早く適切に動かなければいけないのです。火事や地震等は急に起きるのですから、そのときにとっさの行動ができなければ危機を回避できないでしょう。日頃の避難訓練に真剣に取り組んでおかなければ、適切な行動は取れないのです。

コラム

東日本大震災で被災した宮城県石巻市の大川小学校では、多くの児童と教職員が犠牲になりました。悲しい出来事が起きるたびに保育現場では危機管理の体制を見直してきました。実際に東日本大震災では、日頃の避難訓練のおかげで助かった子どもたちも多かったのです。訓練といえども真剣に取り組むことが大切です。

● アドバイス

　避難訓練は、火事だけでなく地震についても行っているはずです。火事の場合は急いで屋外に出るでしょうが、地震の場合は対応が違います。地域によっては津波に対する避難も想定しなければならないでしょう。どこに避難するのか、避難する際に持っていくものは何かなど、色々な場面を想定して、どう行動すべきか訓練しておきましょう。また保育者同士で話し合い、役割分担をしておくことも必要です。

● ステップアップ

　危機管理とは、危機を事前に避けるための対策を取ることです。そのためには、環境を整えておくことが求められます。例えば、防災ずきんがすぐ出せるようになっているか、地震のときに上から落ちてくる物はないか、廊下などに物が出ていないか、といったことを常日頃から管理しておきましょう。また、不審者の侵入に対する備えも必要です。そして、大きな危機だけでなく、子どものケガに対する遊具の点検といった危機管理も重要なことです。

32 臨機応変の行動がとれる

ある冬の日、昨夜からの雪が積もって園庭一面が真っ白です。登園してきた子どもたちは、早く遊びたくて大はしゃぎです。どのクラスも、朝の会を終えたら身支度をして園庭に出てきました。でも、さなえ先生のクラスだけはお部屋にいます。今日の予定が製作になっており、計画通りの保育をしていたのです。製作が終わって外に出たときには、雪遊びのできる雪はありませんでした。

● マイナスポイント

保育計画はほとんどの園で作っていると思います。無計画の行き当たりばったりの保育では、子どもの発達を十分に保障できないからです。しかし、今このときのタイミングを逃しては貴重な経験ができなくなる、といった場合には計画を変える必要があります。天候や子どもの様子などによって、保育計画を臨機応変に変える力がなければ、子どもたちの気持ちに応える保育はできないでしょう。

コラム

臨機応変とは、状況にふさわしい行動がとれることです。初めて料理を作るときは指定通りの材料を整えます。しかし、毎日家庭で料理をしている人は、冷蔵庫の中身によって献立を決めます。マヨネーズがなければ、卵と酢、塩、油で作ることもできます。保育も料理に少し似ているかもしれませんね。

● アドバイス

　保育は臨機応変に対応する場面が非常に多い仕事です。なぜなら、同じ子どもは一人としておらず、どんなにベテランになっても毎日違う出来事が起こるからです。例えば、同じ絵本を読んでも反応は子どもによって、またはそのときの状況によって違います。子どもの様子を感じ取って絵本を読めば、絵本の世界が広がることもあります。また、子どもの体調を見ながら保育計画を変更することは、安全管理上も必要です。

● ステップアップ

　臨機応変に行動するには、保育者自身の「引き出し」がたくさんある必要があります。「引き出し」をたくさん持つには、保育者自身がさまざまな経験をしたり、いろいろな情報を持っておくことが大切です。遊びの種類にしても、本や雑誌、研修などで勉強しておくとよいでしょう。保育のねらいを達成するための道筋は1つではありません。計画通りに保育を展開しなくても、いろいろな方法で目的地までたどり着くことはできるのです。

33 箸をきちんと持って使う

お弁当の時間です。子どもたちと楽しく食べようとかおる先生も席に着きました。食育指導のよいタイミングと思い、かおる先生は積極的に子どもたちに箸を正しく持つよう指導しています。そして子どもたちの中に入りお弁当を食べようとすると、「かおる先生はちゃんとお箸もてるんでしょ〜」と子どもから手本を要求されましたが、実はかおる先生は箸を正しく持てませんでした。

先生は
ちゃんとお箸
もてるんでしょう？

う……

● マイナスポイント

　食事のときは、子どもたちに箸の持ち方を教える最大のチャンスです。そのためには、先生本人が正しく持って使えることが大切です。また、子どもたちに伝える立場として「箸をきちんと持って使う」理由を理解していなければ、伝わるものも伝わらないでしょう。食事のマナーとして、社会に出たときに恥ずかしくなく、また一緒に食事をする相手に対しても、不快にさせない持ち方を身につける必要があります。

コラム

　矯正箸は「必ず身につく！」とは、言いきれないようです。身についた気になってしまうようです。やりたい時期に、タイミングを逃さず、子どもは集中力が短いのでその点も踏まえ、肯定的に伝え教えることの方が望ましいでしょう。保育者はそのタイミングを逃さず、家庭と連携することがよいでしょう。

《 箸の持ち方 》

1-人さし指と親指で挟む

2-中指を添える

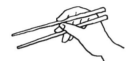

3-下の箸を差し込んで、
薬指を添える

《 箸の使い方 》

上の箸を動かして箸先を
合わせる

上の箸だけを動かして
開く

● アドバイス

　箸がきちんと持てていないこと
を知っていながら、もうこれで
「○○年やってきているし」と諦
めていませんか？　今からでも直
せるのが生活技術や生活習慣です。
子どもたちだけでなく、周りの人
に見られていることを自覚し、時
間がかかってもできることから始
めてみてください。根気が必要で
す。保育者は全ての面で、子ども
のモデルであることを忘れてはな
りません。

● ステップアップ

　正しく持てるようになると、く
るむ、はさむ、さくなど、箸の機
能が最大限に生かせることとなり、
本来の箸さばきができるようにな
ります。こういうことを意識する
ことにより、社会人としての食事
のモラル向上、他者への配慮、美
しい所作が身につき始めるきっか
けとなることでしょう。箸は正し
く持って使うことが最も美しく見
えます。美しく食べることは食事
の基本です。

生活技術

34 鉛筆を正しく持って使う

　午睡時間中に、午前中の様子をお便り帳につけていた1年目の川本先生の書き方が気になったので、主任の滝口先生は、それをのぞいて見ました。決してきれいといえる字ではありませんでした。その上、川本先生のボールペンの持ち方がおかしいのです。川本先生はその持ち方を滝口先生に見せましたが、明らかに間違っています。鉛筆の正しい持ち方から指導をすることとなりました。

● マイナスポイント

　保育者の仕事のうち、記録や計画、保護者向けのお便りなど、手書きの機会が多くあります。文字は保育者の姿を表す一つと言ってもよいでしょう。きれいな文字を書けない理由の一つに、鉛筆の持ち方が挙げられます。きちんとした持ち方をしていないと、余分な力や過度の負担が手や腕、体にかかってしまいます。書ければよいという問題ではなく、他者への配慮の一つとして自分の持ち方を見直してみましょう。

コラム

　字は、その人を表すといわれます。きれいな文字を書くことは、書いたものが読みやすくなります。それは、相手に対する配慮にもなります。読む人のことを考えた読みやすい文字を書くことも、社会人として大切な心遣いといえます。まずは丁寧に書くこと、美しい文字を意識するだけで変われます。

鉛筆の持ち方

箸を正しく持つ

下の箸を抜く

持つ位置を下に移動させる

書くときの姿勢

書き方

字のバランス

● アドバイス

　鉛筆の正しい持ち方と箸の持ち方とは、大変興味深い関係にあります。箸を正しく持って使えない者は、鉛筆も正しく持って使えないことが多いようです。箸を正しく持てないと、おおむね鉛筆も正しく持てないのです。その逆もほぼ正しいといえます。

　2本の箸を上箸と下箸とに分けて考えてみましょう。箸を正しく持って、下箸を抜いて上箸を適当なところまで引き上げた状態が、鉛筆の正しい持ち方になります。

● ステップアップ

　パソコンや携帯電話・スマートフォンなどの使用により、「書く」という動作が減っていませんか？使いやすさ、便利さに捉われることなく、自身の字をもう一度見直してみましょう。書く姿勢、書き方、字のバランスはどうでしょう？　正しい姿勢で正しい鉛筆の持ち方をすることにより、長時間書き続けても疲れにくいといわれています。書くことによって、頭の中の整理にもつながります。子どもたちの見本となるよう意識しましょう。

35 お茶の入れ方、出し方

保育所にお客さまが来られました。園長先生からはるか先生に、お茶を入れるように指示がありました。はるか先生はお茶を入れたことがありませんでしたが、先輩先生のやり方を思い出し、茶碗に直接茶葉を入れ、そこに湯を注ぎました。そして、園長、お客さまの順に手を添えて配り、満足げに園長室を退室しました。茶碗を見た園長先生は驚きを通り越し、ぼうぜん自失です。

● マイナスポイント

どんなに容姿抜群であっても、たった一つのことを知らないと、全てが台無しになってしまいます。立ち居振る舞いもとても大切ですが、お客さまに対するおもてなしも大事なことです。「やったことがないから分かりません」では、社会人としては済まされないことですし、生活経験の乏しさをむしろアピールしてしまいます。急須や茶たくの役割、お茶の入れ方や出し方などを、しっかりと身に付けておく必要があります。

コラム

主婦と消費行動研究所が行った「日本茶を飲む頻度について」のアンケート調査があります（2001年）。ほぼ毎日飲むと答えた人数は全体の約55%でした。また、「日本茶について何でも思うことをお書き下さい」という質問に、最も多かったのが「癒やされる、落ち着く」でした。

茶碗を温め、一度お湯を捨て、再度お湯を注ぐ。

茶葉を入れる

茶碗のお湯を注ぐ

蓋をして少し待ち、同じ濃さになるように注ぐ。

注ぐお湯の適温

ほうじ茶・玄米茶・紅茶 ———100
———90
———80
煎茶 ———70
———60
玉露 ———50
———40
———30
———20
———10

● アドバイス

　お客さまが来られると分かっていたら、人数分の茶碗を用意し、事前に茶碗に湯を注ぎ温めておきましょう。お茶を入れる際に、一度茶碗のお湯を捨て、再度注ぎ、そのお湯を茶葉の入った急須に入れ蓋をして、おいしさの成分が出るまで少し待ちます。それから、用意した茶碗に同じ濃さになるようにゆっくり注ぎます。その後、お盆に乗せて運びます。出す前に茶たくに乗せ、まずお客さま（主賓から）、最後に身内の順番に出します。

● ステップアップ

　お茶といってもいろいろな種類があります。緑茶は一般的ですが、緑茶にも煎茶・番茶・かぶせ茶・玉露といった種類があり、それぞれおいしくいただける適温や量があります。また、コーヒー・紅茶をお客さまに用意することも多々あります。その際、ソーサー（受け皿）・スプーン・ミルク・砂糖も忘れずに出してください。まずは、自分が気分転換にカフェや甘味処のおもてなしを受け、本来の茶の味を楽しむことが大切です。

36 ひもの結び方

さやか先生は、かわいらしいエプロンをして保育をしています。子どもや保護者に好印象を持たれるように、エプロンのデザインに気を使っています。けれど、毎日のように背中のひもは、うまく結ぶことができず、縦結びや片結びです。さやか先生は少し気にしていましたが、「ひもなんか関係ないし」と直そうとしません。この他にも、さやか先生の外靴の靴ひもも縦結びでした。

ひもなんか関係ないし…

ま、いっか〜

● マイナスポイント

ひもの結び方はいろんなところで必要とします。エプロンのひも、靴のひも、お弁当の入れ物、髪を結った後のリボン、プレゼントのリボン等。それらは、子どもたちと過ごす上で欠かすことのできない動作です。子どもたちが身につけてほしい生活技術です。保育者自身が間違った方法でひもを結んでいると、子どもたちも間違った方法でひもを結ぶようになってしまいます。よく使う片結びや蝶結びは正しくできるとようにしましょう。

コラム

日常の生活の中で、ひもを結ぶことはよくあります。靴のひも、リボン、新聞紙をまとめる際のひもなど、結び方をいろいろ知っておくと、簡単に結び、ほどくこともできます。ロープワークといい、日常の生活はもちろん、災害時や緊急時にも使うことができるので、知っておきたい技術です。

◉ アドバイス

　ひもを結ぶためには、手指の巧緻性、指先の力、手と目の協応動作などが必要です。今日の社会では、パソコンやスマートフォン、ゲーム機といったもので指を使うことが増えていますが、動作として考えてみると単純な動作です。決して器用な動きとは言えません。日頃から手を十分に使うことを意識し、体全体を使って遊ぶことも大切です。それは、細かい作業をすることや、指先を使う動作を増やすことから始めるとよいでしょう。

◉ ステップアップ

＜片結び＞

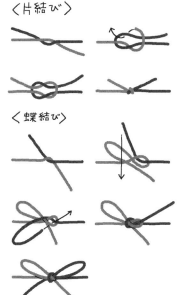

＜蝶結び＞

　片結び・蝶結びが基本の結び方です。この結び方を覚えたら、エプロンをイメージして、背中で結ぶことができるように練習するとよいでしょう。結べているようで結べていないのが、エプロンの結び目です。初めのうちはロープのようなひもで練習するとよいでしょう。初めからうまくいく人は誰もいません。子どもたちにひもの結び方を教えるときは、膝に乗せ、同じ方向からひもを見るようにすれば、動き方や通す場所を丁寧に伝えることができます。

37 整理整頓

新人のまりえ先生と5年目のともみ先生は、それぞれ自分のクラスで「片づけの時間ですよ〜」と子どもたちに呼びかけました。2人とも同じように言葉がけをしたのですが、子どもたちの片づけ方が違います。明らかにまりえ先生のクラスの子どもたちは、片づけにくそうなのです。部屋を比べて見ると、ともみ先生の部屋は、物が整理されているので片づけやすそうだったのです。

● マイナスポイント

どんなにすてきな笑顔で爽やかに挨拶ができていても、スタイルがよくてキビキビと動き、誰にでも優しく対応ができていても、保育室や職員室の自分の机の上が汚く、物が散乱していては全てが台無しです。物が雑然と置かれ、ゴミが散らかしっぱなしの中では、子どもたちも片づけに対する意識が薄れてしまいます。また、机やいすにぶつかる、ゴミで滑って転ぶなど、ケガや事故の原因にもなりかねません。整理整頓がいかに重要なことか再認識が必要です。

コラム

片づけができなくて、部屋が散らかっていると、掃除しにくいだけではありません。ゴチャゴチャと置かれた物に囲まれていると、そこで過ごす人の精神状態に大きな影響を及ぼすといわれています。片づけ方は、多くの人にその場所を見られていることを意識して行いましょう。保育室には「顔」があるのです。

⦿ アドバイス

　片づけやすくするためには、余計なものは置かないことが先決です。使ったら使いっぱなし、出しっぱなしにしていませんか？　整理整頓されている部屋は気持ちがよいのは言うまでもありません。ピアノの上に花瓶や本や物を置いていませんか？整理整頓は、子どもたちの遊びやすさ、過ごしやすさにつながります。保育者自身が使ったものを、元の場所に戻すことを習慣づけることから始めてみてはどうでしょうか。

⦿ ステップアップ

　片づけやすくすることも大切なことです。きれいに整頓した状態を写真や絵などで表し、置く場所に貼りつけたりしておくと、子どもたちも理解しやすくなります。そうすると、子どもの片づけやすさにもつながりますし、もとより保育者自身が意識することができます。また、整理するときはカテゴリーに分け、紙類や画材類やおままごと類といった同じようなものをまとめ、仕切りや箱や籠などをうまく使うとよいでしょう。

38 雑巾を絞る

　ある日、園長先生は昼食を準備中の後藤先生のクラスを見に行きました。子どもたちが雑巾で机を拭いていました。よく見ると、机の上はビショビショでした。雑巾がきちんと絞れていない状態で拭いた結果です。後藤先生を見ると、彼女も雑巾をグシャッと丸めて絞っていました。それをまねした子どもたちも、同じようにグシャッと丸めて絞ってから机を拭いていたのでした。

● マイナスポイント

　きちんと絞れていない雑巾でいくら拭いても、きれいになりません。ものによっては、染みになってしまうこともあります。子どもの洋服などが汚れるばかりか、床がぬれて滑ってしまい、転倒事故やケガをする要因となります。

　雑巾で拭くという行為も大切ですが、まずはきちんと絞るという手・指を使った動作がいかに大切であるかが分かります。雑巾やタオルを絞る動作は、掃除だけではなく、入浴や小物洗濯の際にも使われます。生活に必要な動作といえます。

コラム

　剣道を教えている人が、「竹刀は雑巾を絞るように持て、そして脇を締めて打て」といって指導しています。ですから、右手を先に左手を手前にして、右手を左に、左手を右に回して絞ります。逆に、左手が先に、右手が手前にきてもいいわけです。それは遺伝によるらしいので、どちらでもかまいません。

雑巾の絞り方

① 一度しごく

② 半分に折る

③ きゅっと絞る

● アドバイス

　ただ単に雑巾を絞ってはいません
か？　ビショビショだったり、拭き跡
に水気が多く残っていたりすることは
ありませんか？　正しい絞り方を身に
つけるだけで、そのような心配はなく
なります。雑巾をぬらして洗った後、
半分に折りたたみ、縦に持ち、内側に
ひねって絞ります。横絞りで絞る保育
者を多く見ますが、横絞りより縦絞り
の方が、脇が締まり、力が雑巾に伝わ
り、きちんと絞れます。きちんと絞れ
ていると、拭き跡がすっきりします。

● ステップアップ

　子どもたちが、きちんと絞るために
は、腕のひねりや手・指の力といった
発達の過程を無視することはできませ
ん。生活の中に、取り入れつつ、普段
の生活の中に腕や手指を使う遊びや作
業を入れてみてはどうでしょうか。
　また、物をどけて拭くこと、手の大
きさに雑巾を畳み、拭き畳んだ面を変
えながら拭くこと、バケツを使い、バ
ケツの水で洗い複数回使うことなど、
具体的に示しながら拭き掃除を行うと
よいでしょう。

39 掃除ができる

保育者は環境を整える意味でも、保育室、廊下、トイレ、園庭とさまざまな場所の掃除をする必要があります。1年目の木村先生は「汚れたくない、面倒くさい」と思って、簡単な場所、適当に掃除できる場所だけを選んで掃除していました。また、掃除道具の使い方もよく分かりません。あるとき、隣のクラスの先生が休みで、いつものように掃除する場所を選ぶことができなくなりました。

● マイナスポイント

どんな保護者でも子どもを、ゴミだらけで汚れていて、臭い場所には預けたくないですし、本人だってそんな所で過ごしたくはありません。

保育者は、自分の保育室だけがきれいであればよいわけではなく、子どもたちが生活する全ての場所を清潔に整える必要があります。最近ではハウスダストが原因で、アレルギーやぜんそくなどを引き起こす子どもがいます。日中活動する保育室がその原因になることは望ましくないことです。

コラム

パナソニックの創設者である松下幸之助（1894－1989）は、掃除を社員に励行させていたのはよく知られていることです。掃除が人間としての教育につながると考えていました。掃除も仕事も段取り、順番が大切です。効率よく進めることで、結果（きれいになる・整頓される）につながるのです。

● アドバイス

　掃除をする際には手順があります。まずは、物の片づけをし、ほうきなどを使って掃き掃除をし、最後に拭き掃除です。室内でも屋外でも、掃除のしやすさを考え、物を整えてから掃除します。そして、高いところから低い場所へと掃除をします。低い場所から掃除をすると、高いところのゴミが結局低い場所に集まってしまうからです。最後に窓枠や机や棚の上、ロッカーの中などを拭きましょう。ほうきで舞い上がったほこりやチリがたまっていることがあります。

● ステップアップ

　保育者は自分の保育室だけでなく、共用する場所の掃除を行わなければなりません。トイレや廊下、階段、園庭や玄関などです。場所によって、使う道具も違います。ほうきと一言でいっても、竹ほうきや土間ほうきなど種類はさまざまです。ちりとりの使い方や窓の拭き方などの掃除の仕方、どの道具をどの場所で使い、どのような掃除の仕方をするものなのか、きちんと身につけましょう。

40 子どもとの関わり方

愛子先生は、園児同士の遊びを観察する方に主眼を置く保育が理想と考えています。しかし、観察に重きを置き過ぎ、それが続くと園児から「先生は遊ぶの嫌いなの？」「もっと、一緒にお外で遊ぼうよ！」と言われてしまいました。自分なりに園児と遊んでいるつもりなのですが……。様子を見ていた園長先生からも「もっと外遊びに積極的に関わりなさい」と注意を受けました。

● マイナスポイント

外遊びの指導は保育の基本。園児の観察も結構ですが、園児だけの外遊びでは遊びの種類が少なく、はつらつさに欠け、ただ何となく屋外にいるという事態を招きかねません。園児も、保育者と共に遊ぶことを求めています。外遊びを通じて、保育者は園児に身近な存在として認識してもらうようにすることは、指導の大切な柱です。

日焼けや日射病などに注意しながら、そして安全確保を第一として、子どもを見守りましょう。

コラム

子どもたちは体を思いっきり動かして遊ぶのが大好きです。ボール遊びをしたり、鬼ごっこをしたり……、みんなと仲良しになる大きな効果があります。子どもたちの経験が浅い遊びには、保育者も一緒に取り組み、子どもたちが理解してきたら、任せるようにして、様子を見守るようにしましょう。

○○ちゃん
かくれんぼして
遊ぼうか！

◉ アドバイス

外遊びの観察も大切ですが、保育者自身が積極的に外遊びに関わり、主導することも大切です。園児の遊びの形がある程度固まった段階を踏んでから、観察に移行すべきです。例えば、園児の名を呼び、ねえ「○○しよう」と言葉をかけ、所在なげな園児を見つけ出し、子どものやりたい気持ちを引き出します。さらに明るく声をかけ、必ず保育者から園児に接近するという習慣を身につけましょう。

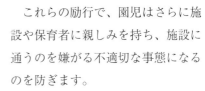

◉ ステップアップ

これらの励行で、園児はさらに施設や保育者に親しみを持ち、施設に通うのを嫌がる不適切な事態になるのを防ぎます。

子どもは外気に触れ、心身ともに心地よさを体感することができます。そして、子ども同士の気持ちがつながり、自発的な遊びも広がります。

クラスも活性化され、園児の身体能力も向上し、疾病への抵抗力もできます。さらに自分自身に自信がつき、行動が積極的になります。

41 子どもへの愛情

えりな先生の園児思いは結構なのですが、園児の気持ち・考え方を重んじ過ぎ、彼らが規範から外れたことをしても「元気があってよい」と、放任しています。子どもはそのことを敏感に察しているのか、クラスがまとまらず、教室内はいつもザワザワしています。園長先生から指導を受けたのですが、自分の信念を変えず、「子どもたちの気持ちを尊重したいんです」と言っています。

● マイナスポイント

園児の自主性の尊重し過ぎは、朝礼の折もそのクラスだけザワついたり、保育者が園児にお話をしているときも、私語が多くて何回も説明したりしなければなりません。また、他のクラスの行動に遅れたりし、大きな発表会ではクラスがまとまりません。さらに、ケガが多くなったりしてクラス運営に大きく支障を来す事態を招きかねません。

当然、幼児期の意思決定能力や安全行動は、極めて未熟です。子どもの「自由、自発、意思」など耳あたりのよい言葉に惑わされてはいけません。

コラム

保育の集団生活では、子どもが先生の指示に従うことはとても大切なことです。自己中心性の強い幼児期に、集団生活を通じて少しずつ社会通念を伝えて、自己抑制力をつけさせていく必要があります。幼児の安全確保や行動予測に関した指示に従わないときは、場合によっては叱らなければなりません。

大事なお話を
しますね

　園児の自主性を重んじる前に、保育者が園児にお話をするのは「クラスの園児全員が静粛になってから」という習慣をつけましょう。ただし、これは年度初めから園児に習慣づけないと根づくのは困難です。まず、紙芝居を読んだり、「大事なお話しますね」と意図的に声を落としたりすることです。それでも私語をやめない園児には、「お話しているお友達のお名前呼んでもいい？」と呼びかけ注意を与えます。

私語が
少ない
わね…

　保育室での一斉指導中の私語は禁止しましょう。そうすれば、指導効率が上がります。例えば、さまざまな製作にかかる時間が減少し、その分外遊びに時間を割いたり、発表会でも節度ある発表・演技が可能となったりします。
　また、参観日でも「私語が少ない」と感心されたり、クラス運営にメリハリが付きます。もちろん、これらは園児の気持ち・考え方を尊重しないということでは決してありません。園児のためなのです。優しさも厳しさも併せ持つ姿勢が肝要です。

42 子どもの声に耳を傾ける

すがすがしい気持ちで2学期の始業式を迎えたえみ先生。受け持ちのまなぶ君が、朝顔の鉢植えを指差し何かつぶやいていましたが、他の園児の声でかき消されて聞きとれず「そうそう、そうよね」と適当に相づちを打ちました。まなぶ君は「先生、これひどいよ」と鉢植えの枯れ果てた朝顔を指しています。まなぶ君は子ども心に、えみ先生の誠意のない対応にしょんぼりしています。

● マイナスポイント

幼児は敏感です。幼いからと侮（あなど）って、うわべだけの指導を続けていると園児に見破られ、何らかの形でそれが露呈してしまうことがあります。園児も、保育者を心理的に疎遠に感じてしまいかねません。まず、子どもの気持ちを受け止めることが大切です。

子どもの思いと保育者の思いがずれていると、信頼関係が育ちにくくなります。子どもが体調の不調を訴えても保育者がそれに気づかず、体調の悪化を招いてしまうこともあるのです。

コラム

「何で（交通）信号は3つ（3色）あるの？」などと保育者がいぶかるような質問を受けることがあります。その子の知能が進んでいる証ですから、おっくうがらずに丁寧に返答しましょう。子どもが感じていることを、保育者も同じように共感して返すと、子どももうれしく感じ、大きな成長につながります。

　保育中、園児の声が聞き取りにくく、園児が何を伝えようとしているのか分かりにくい場合がありますが、保育者が地面に膝を付け、園児の目線に合わせて聞けば聞き取りやすくなります。

　周りがにぎやかだったり、また、会話がおぼつかない園児の場合は、思い切って静かな場所に移動することも大切です。子どもは自分の存在を認めてほしい、見てほしい、評価してほしいと思っているのです。

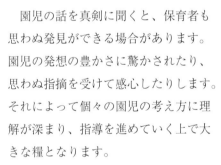

　園児の話を真剣に聞くと、保育者も思わぬ発見ができる場合があります。園児の発想の豊かさに驚かされたり、思わぬ指摘を受けて感心したりします。それによって個々の園児の考え方に理解が深まり、指導を進めていく上で大きな糧となります。

　子どものあるがままを受け止めることは、心の安定や愛情の形成につながります。そのためには耳を傾け、よく話を聞くことが大切です。

　たかが幼児と思って侮っていると、保育者自身が飛躍の機会を失いかねません。

43 保護者との コミュニケーションの取り方

ゆうこ先生は、クラスの園児の保護者との関わり方に偏りがあります。さとみさんのお母さんとは「おはようございます」「さようなら」だけですが、しおりさんのお母さんとは、毎日の登降園で親しげに冗談を言い合う間柄でした。しかし、ゆうこ先生の冗談にしおりさんのお母さんが憤慨し、クラスの他の保護者に先生の批判メールを流す事態にまでに発展してしまいました。

● マイナスポイント

園児と同様に、保護者に対しても平等に接するのが原則です。これに反していると、疎遠な関係の保護者から反旗を翻されたり、とんでもない形でしっぺ返しがきます。親子やきょうだいでも考え方や受け止め方の違いはあるわけですし、まして異なる環境に生れ育った人同士の場合は、たとえこちらが心を許して打ち解けあったようでも、相手はよそで陰口、というパターンがない訳ではありません。

コラム

「合う・合わない」ではなく、合わせましょう。残念ながら学生時代と異なり自分と感覚が合う人間とばかりと関わりを持つことはできないのです。社会人として、あの人とは気が合う、あの人とは合わないではなく、合わせるのです。これはどんな仕事にも同じことが当てはまると思います。

話しやすい人　話しにくい人

心を許し
すぎない

…です

…ます

積極的に
話しかける

　人間なので、やはり話しやすい人、話しにくい人は残念ながらあり得ることです。話しやすい人には、心を許しすぎないようにしましょう。きつい冗談は控え、言葉遣いにも留意して語尾は必ず「です」「ます」の丁寧語で締めることです。話しにくい人には自分の方から積極的に近づいて話しかけ、批判的・厭世的話題は控えます。保護者のお子さんに関わる前向きな話題を数種類準備しておくと安心です。そして、誰にでも笑顔を忘れないことです。

　保護者と平等に接することで保育者への信頼は増しますが、継続していく姿勢が大切です。

　友達のような保護者であっても、親しい仲にも礼儀があります。日ごろから丁寧な対応を心がけましょう。信頼は一朝一夕には獲得できません。毎日の積み重ねが大切です。これで、高い人格が形成され、組織の一員としてさらに地位が揺るぎないものへと確立されていきます。最後は自分なのです。

44 保護者との面談・懇親会

今日は個人面談です。新人教諭のあゆみ先生は、心を落ち着かせて面談の開始時間に教室へ向かいました。しかし、すでに誠君のお母さんが来ており大慌てで面談を開始したので、焦って誠君の欠点ばかりを指摘してしまいました。誠君のお母さんは「うちの子にも少しはよいところもあると思うんだけど、欠点ばかり指摘する先生の指導自体に問題はないのかしら？」と疑問を持っています。

うちの子にも良いところはあるのに…

こんなところ あんなところ…

ハァ…

● マイナスポイント

準備不足はいけません。社会人としてのマナーです。保育者は常に園児や保護者より先手、先手を打つ姿勢が肝要です。それが、保育者としての責務なのです。

面談でも懇談会（父母会）でも開始時間ギリギリでは突発的な出来事が発生した場合、対応が困難になりますし、開始の15分前に到着する几帳面な保護者もいるのです。

コラム

面談では、園児の成長を記した個人記録簿があると対応が楽です。懇談会では多くの保護者の前で話すことに不慣れな場合は、失言して波紋を投げかけるより、原稿の棒読みでもやむを得ません。次第に慣れてきます。準備を十分しておけば、自信を持って臨むことができるでしょう。

● アドバイス

10分前には会場に到着するようにしましょう。懇談会では保育者からの配布物が多いので、保護者が使うテーブルに一人分ずつ用意してから保護者の到着を待ちます。よほど集まりが悪い場合を除いて、予定時刻に開始して下さい。全員がそろうのを待っていると、時間に間に合うように早めに来た人に礼を失します。ただし、施設内放送か口頭で、開始時間が迫っているので早めに会場に入場するように促すことを忘れずにすることです。

時間厳守です。定刻にきちんと開始し、早めに終了するようにしましょう。

● ステップアップ

面談では、保護者に園児の優れているところを少し褒め、次に「課題」と施設での対応を話します。そして最後にまた優れている事項を話します。

懇談会は事前に職員間で保護者に伝える内容を統一しておき、保育者の独断では返答に詰まる質問を受けた場合は、「私の一存ではお答えいたしかねますので後日、何らかの方法でご返答いたします」と答えることです。

45 クレームの対応

年少児のみゆきさんは突然嘔吐しましたが、熱はなく、その後、顔色も回復したので、担任の京子先生は上司にも相談・報告せず、保護者が迎えに来たときも、伝え忘れてしまいました。夕刻になって保護者宅に電話すると保護者は茫然。翌日、保護者が突然来園し、園長先生と応接室へ。後で園長先生から注意され、その場しのぎの嘘をついたらつじつまが合わず、うろたえてしまいました。

連絡遅くなり申し訳ありません。実は本日こんなことが……

◉ マイナスポイント

　園児の保護者は保育者を信頼してわが子を預けるので、その信頼に応える義務を負います。ささいなことでもそれに関連して判断ミスが続くと大事になり、解決に時間がかかる場合があります。

　特に、園児の健康に関わる事項には保護者の心配が募るので、事実を謙虚に受け止めて、注意深い対応が必要です。

コラム

　不愉快な思いをさせてしまった場合、誠意ある態度で謝罪の気持ちを伝えます。しかし謝罪の言葉だけでは、相手に伝わらない場合があります。ケースによっては、お詫びに手土産を携えて上司と共に園児宅を訪問しての謝罪が必要な場合もあります。信頼を取り戻すには相当の時間と努力が必要です。

● アドバイス

　クレームが発生した場合、不手際の箇所を把握し、上司に自分なりの解決策を打診し、了解を得て保護者に謝罪する方が無難です。自分だけの判断では事態をさらに悪化させてしまう危険性があります。

　キャリアを積んだ上司はトラブルの解決に優れており、短時間で解決可能な場合も少なくありません。ポイントは、保護者や上司に包み隠さず報告・謝罪することです。言い逃れを続けていると、長引くことがあります。

● ステップアップ

　失敗は誰にもあります。ただ、保育者が上司や保護者に報告・謝罪する際に、正直に事のいきさつを伝えると、以後の信頼度が高まり、本人もクレームへの対応を会得できます。そして、その原因となった保育ミスの再発が少なくなり、成長するチャンスになります。逆に偽りの報告でごまかすと、後で露見し、叱責され、信頼度が下がります。

　謝罪は、信頼回復のスタートに立ったところです。

46 挨 拶

さくら幼稚園では、子どもたちが毎日登園するとき、どの先生もすてきな笑顔で挨拶をしています。降園するときも、「さようなら」と挨拶を交わします。けれど木村先生は、登園してきた子どもと遊び始め、なかなか挨拶をしません。保護者が「おはようございま〜す」といっても、遊びに夢中です。本人はしているつもりなのでしょうか、相手には通じていません。

おはよう ごさいま〜す！

◉ マイナスポイント

子どものモデルとなる保育者自身が挨拶ができなかったり、おざなりだったりすれば、子どもも挨拶をしなくなるかもしれません。元気に挨拶ができないため、陰気で、覇気のない先生という印象を持たれかねません。保護者に挨拶ができなければ、「避けられている」「嫌われている」と誤解されるかもしれませんし、職場では「挨拶も返さないで無礼な」と思われるかもしれません。それでは信頼関係は築けず、協力して保育をすることもできません。

コラム

挨拶をする理由は何でしょうか？ 社会的習慣や儀礼としては言うまでもありませんが、逆説的に「挨拶という習慣がなかったら？」と考えれば、生活面からの必要性に気づくことができるでしょう。そうすることで、保育者は思いを込めて、子どもが挨拶のできる人となれるように、取り組むことができます。

おはようございます！

あ、せんせい！
おはよう
ございます

　立ち止まり、相手の目を見て挨拶すると、相手も立ち止まって挨拶を返してくれます。ドキドキするときは、自分の両手を握って「大丈夫」とつぶやいてから挨拶をしてみて下さい。

　特定の保護者と親しくなっても、全ての保護者と同じように、丁寧に挨拶することが基本です。他の保護者からすれば、特定の人とのみ親しげにしているのは不快なものです。

　地域の人々との関係も挨拶から始まるので、自分から大きな声で元気に挨拶をしましょう。

今日も、お仕事
お疲れさまでした！

　保護者対応が難しい時代と言われますが、日頃から確かな人間関係を築いておけば、過度に神経質になることはありません。その第一歩が心のこもった挨拶であり、さらにその後の一言が大切です。相手がうれしくなる、ホッとできる一言を続けることで、さらに挨拶は意味深いものになります。同僚や保護者などに「今日もお仕事お疲れさまでした」「ニコニコされてますが、何かいいことありました？」などの一言が相手との関係を豊かにします。

47 一般常識がある

中沢先生が出勤してきました。玄関ドアは開けっ放し、玄関では靴をそろえずに入り、上履きのかかとを踏んでいます。その上、コートを着たまま職員室に入って、おもむろに自分のいすに座り、持っていたペットボトルを飲み、携帯を確認し始めました。その間、先生方に出会っても挨拶もしません。園長先生もたまりかねて、中沢先生に「ちょっと……」と声をかけ注意していました。

● マイナスポイント

一般常識とは、社会生活を送る上で一般の人が持つ（持つべき）標準的な知識、理解力、判断力、思慮分別、社会的マナーなどです。これらの欠落は保育者である以前に、市民や社会人としての資質を欠くことになります。保育者は、子どもの一般常識やその習得につながる力を育んでいく役割があります。子どもの実態に合わせて、習得に必要な経験を考え、保育に反映させなければならないので、保育者には確かな一般常識が必要になります。

コラム

世間では一般常識のことを「知っていても役に立たない、知らねば恥ずかしい一般常識」と言ったりします。テレビなどでもよく取り上げられるので、社会的に関心が高いものと思われます。それらの内容には小・中学校レベルの教科内容も含まれ、時事問題、スポーツ・芸能、一般教養、雑学などと幅広い分野が対象になっています。

◉

◉ アドバイス

　一般常識と言われる中には、個人に
よって見解が異なるものもあり、世代
や価値観によって多様性のあるものも
少なくありません。

　保育者は多様な世代や年齢、立場、
価値観を持つ人と接する必要がありま
す。自分の一般常識を確認しながら、
足りないもの、改めるべきものは改善
し、社会生活のマナーとともに、周囲
の人々の様子から学びましょう。

　よりよく生きていくために、何を身
につけ、どう振る舞うのかなどを考え
実践していきます。

◉ ステップアップ

　「社会の一般常識」「保育者の一般常
識」など、そこで想定されるものには
共通点も多いのですが、違いもありま
す。また、豊かな知識を持つ人とそう
でない人の一般常識も、その内容に違
いがあります。保育は、子どもが社会
で生きていく力を育むことが前提とな
ります。保育者が一般常識を習得して
いることは当然ですが、保育を計画す
る上で、活動の選択や環境構成などを
豊かにしていくには、さらに広くて深
い一般常識の理解が求められます。

正しい言葉遣い

さくら組のあい先生は元気な明るい先生です。けれど、一つ問題があります。子どもたちとの会話で、「それ、チョ〜ウケるんだけど！」「っていうか〜」と若者言葉を使っています。それで園長先生が「子どもたちに正しい言葉で話をしてください」と注意をしましたが、あい先生は意味が分かりません。数日後、さくら組の子どもたちがあい先生のような言葉で話し始めました。

● マイナスポイント

言葉や言葉遣いは長い時間をかけて、保護者や保育者、きょうだい、友達などから獲得されていきます。生活のさまざまな経験のなかで、感情のキャッチボールや必要に応じて、また言葉のやりとりやその楽しさなどを通して、多くの言葉を聞いたり話したりして、少しずつ学んでいきます。周囲の大人が無意識に使っている言葉や口癖などをモデルとして、好ましい、好ましくないにかかわらず多様な言葉を覚え、状況に合わせて使うようになります。

コラム

正しい言葉遣いに一定の基準はあるものの、日常生活の面から見ると、時代や世代によって変化していくものもあると考えられます。そのため、言葉遣いの変遷などについての情報を意識しつつ、身近な人の中で、正しく美しい言葉遣いのできる人から積極的に学んでいくことも必要となります。

　正しく、美しい言葉を周囲の大人が使うことで、子どもに豊かな言葉遣いを育てることができます。正しいとは「適切な」という意味ですが、幼少期ですぐにできるわけではありません。話したり聞いたりする楽しさを基盤にしつつ、実態に合わせ、徐々に適切になるよう配慮します。

　園の方針にもよりますが、共通語だけでなく方言や多少くだけた言葉などを使うことで、親しみから人間関係が深まり、言葉の使用につながる動機を高めていくこともできます。

6

● 一般的なマナーと常識

● ステップアップ

　子どものモデルとなる保育者は、自らの言葉や言葉遣いを振り返る必要があります。同僚に自分の言葉遣いについて尋ねたり、保育改善も含めて保育をVTRで録画したり、ICレコーダーで子どもとのやりとりを録音したりするなど、客観的な評価をしてみることです。記録を見聞きして、ハッとさせられることも多いものです。また、子どもの「せんせいごっこ」の様子に聞き耳を立ててみると、自分の言葉遣いや仕草などが垣間見えます。

49 敬語が使える

初めての個人面談で、ゆり組のたえ先生は緊張しています。職員室では、先輩先生から「いつも通りでいいんだよ！」と声をかけてもらい、それでいつも使う言葉で保護者と話しました。「あ〜ハイハイ！　OK!」「うんうん、分かる分かる〜」「ごくろうさま〜」など友達感覚の言葉で面談を行いました。その後、保護者からなれなれしいというクレームを受けました。

（● マイナスポイント）

保育者は、職務上多くの人と接する仕事です。そうした中で、対象や状況に合わせて敬語（尊敬語・丁寧語・謙譲語）などを適切に使用できるかが問われます。適切に使用できれば、豊かな人間関係が築け、できなければ人間関係が難しいものになりかねません。

子どもは、先生や周囲の大人が敬語などを使い分ける様子を見聞きすることで、社会的な関係性と言葉の関係を直感的に学んでいきます。保育者が適切に使用できなければ、その学習の機会を失わせていくことになります。

コラム

保護者に信頼されるには敬語は必須です。尊敬語は「お（ご）＋動詞＋〜なる」、「〜れる、られる」例：「ご覧になる」。丁寧語は、相手に対して丁寧に述べる敬語。文末の「です」「ます」「ございます」。謙譲語は、自分や身内にかかわることをへりくだる敬語。例：差し上げる、申し上げる等。

● アドバイス

　敬語の使用について、間違って認識していたり、使い慣れないため分からなくなったり、気にし過ぎて変な日本語になったりした経験はありませんか。相手への言葉は、丁寧過ぎて嫌な印象を与えることはありませんが、反対に礼を尽くさない言葉や態度に、反感を持たれることはよくあります。昨今では、日常的に敬語が使われなくなる傾向にあり、生活の中でのみ学ぶことには限界があるため、しっかり学習を重ねておく必要があります。

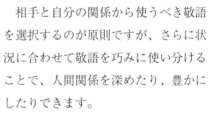

● ステップアップ

　相手と自分の関係から使うべき敬語を選択するのが原則ですが、さらに状況に合わせて敬語を巧みに使い分けることで、人間関係を深めたり、豊かにしたりできます。

　丁寧な言葉遣いも場合によっては他人行儀と捉えられ、人間関係の深まりを妨げる場合もあります。人間関係が十分に築かれた上で、相手の反応を見ながら、親しみのある会話となるような言葉の使い方を、工夫していくことも、次のステップとして大切です。

50 「ありがとう」「申し訳ありません」「お願いします」などが言える

1年目の森田先生は先輩先生から、「これやっておいて！」と指示され、完了したことを伝えました。しかし、先生からは「あ、そう」という返事だけなので、「なんか変だな」と思いました。ある日その先生が忙しそうだったので、「お手伝いします！」と声をかけると「あ～、これやって！」と仕事をたくさん渡されました。森田先生はなんだか気持ちよく仕事ができませんでした。

◉ マイナスポイント

お礼やおわび、お願いなどの言葉が適切に言えない人は、周囲から常識のない人、無礼な人、わがままな人などと思われ、良好な人間関係は築けません。人は一人で生きているわけではありませんし、とりわけ保育は、園内外の人たちの力を借りることではじめて遂行できます。周囲の人たちに協力や支援を依頼でき、快諾してもらえる体制が必要で、その基盤となる人間関係が求められます。その第一歩が、お礼やお願いなどの言葉なのです。

コラム

人間同士の関係とは、「合わせ鏡のようなもの」という話を聞きます。自分が相手を嫌いであれば、相手も自分を良くは思わないし、また、その逆もあります。誠実に相手を信頼し、頼りにし、謙虚な気持ちで感謝を持って関われば、相手もそれに応えるにふさわしい存在として自分と関わってくれます。

　よい保育をするためには、周囲の人からの指導や助言、手助けなどを受けながら進めていく必要があります。時には、周囲に迷惑をかけたり、見落としたことに気づいてもらい、助けられたりもします。そこで忘れてならないのは、支えてくれる人もまた職務を持ち日々忙しい中で、好意から支援の手を差し伸べてくれていることです。謙虚な気持ちでささいなことにも感謝し、そうした気持ちを相手に分かるように伝えていくことが大切です。

　必要に応じて、お礼やおわびなどを自ら言うのは当然ですが、相手に言われたときにどのように受け答えするのかも大切です。「大したことではないので、お気遣いなく」「こちらこそ、いつもよくしていただいていますので」などと返すことで、人間関係がさらに良いものになります。

　周囲の状況に気を配り、心をこめて手助けをしたり、迷惑をかけられても広い心で許すことができれば、当事者ばかりでなく、その雰囲気から周囲の人間関係も良いものとなります。

51 我慢ができる

今日はひまわり幼稚園の遠足でした。どの先生も疲れていますが、明日の保育のために掃除と準備をしなくてはいけません。そんなとき、1年目の鈴木先生が、「私、疲れたから帰りますね」と言い、帰ってしまいました。次の日の反省会中も鈴木先生は「私、初めてなので反省ないので、早く終わらせてください！」と発言。連日にわたる自分本位な言動に先生たちはびっくり仰天です。

私、疲れたから帰りますね！

お先に失礼しま～す…

◉ マイナスポイント

社会で生きるということは、人との関係の中で生きるということです。人にはそれぞれ立場や考えがあり、その中で折り合いをつけ、協調し支え合って生きています。自分は正しい、あるいは違うと思っても、他人からすれば異なることも少なくありません。

気づかないことや知らないことがあるのは当然です。人から学ぶことで自分は成長していくのですから、指導や助言をもらえなくなるのは、成長の機会を失うのと同じです。

コラム

新任の頃は、先輩から多くのことを教わり、時には叱咤激励されながら、一歩一歩「一人前」になっていきます。指導や注意をされると、「私ってダメなのかな？」と思うこともあります。そうしたときに、「今一番きついことが、今の自分の成長に最も必要なこと」と前向きに考えてほしいものです。

　保育者の資質を高めるものに、周囲の人からの指導、助言、注意などがあります。これらは当人がどう受け取るかで、反応や対応、意味は異なります。文句を言われていると思えば、口答えをしたり、不快な表情になったりします。「自分のため」という意識を持ち、合理的・客観的な視点を持つことです。感謝して受け止めれば、立場や経験の違いから、自分には気づかないことがたくさん学べます。まずは落ち着いて傾聴する態度が肝要です。

　一喜一憂することなく平常心でいることが、道徳的な生き方につながるという考えがあります。保育の場面でも、子どもの行動が保育者を感情的にさせることもありますが、自らを律し、感情に任せて関わることは慎まなければなりません。しかし、保育者は子どもに豊かな心情を育むために、ささいなことに心を動かし、それを適切に表現することも求められます。常に平常心で周囲の状況を的確に理解・判断し、落ち着いて行動したいものです。

6
●
一般的なマナーと常識

52 電話の対応ができる

ほし幼稚園の先生は、全員が電話に出て応対します。ある日、りす組の加藤さんから電話がありました。1年目の吉田先生が出ました。メモを取る用紙がありません。お迎えのことについての用件でしたが、内容を覚えようと吉田先生は必死でした。そのため受け答えがしどろもどろになってしまい、確認のための復唱も忘れて、りす組の先生にもきちんと報告ができませんでした。

● マイナスポイント

　対外的には、電話の応対をする人は園の顔であると言えます。その人が明るく、元気で、親切に対応すれば、園の印象は良く受け取られるし、つっけんどんで、暗く、不親切であれば、そのような印象を持たれます。また、電話は必要な用件があるから、かかってくるのであり、重要・緊急な用件も少なくありません。そのため、聞き漏らしたり、伝達し忘れたり、遅れたりすることで取り返しのつかないことになることもあります。

コラム

　わが国は、言葉には不思議な霊的な力「言霊(ことだま)」が宿(やど)るという考え方があります。言葉は、思いや考えを持った人間から生まれ、それは特別な力をもって出来事を生じさせたり、相手に伝わったりしていくというのです。電話といえども、口先だけでなく心のこもった言葉を相手に伝えたいものです。

　ハキハキと挨拶から始め、園名、応対者の名前を告げ、用件を聞きます。取り次ぎは速やかに行います。伝言や用件は、誰から誰宛てのものか、内容は要点を押さえて記録します。最後に用件等を復唱・確認し、再度応対者の氏名を告げ、挨拶をして電話を切ります。伝言等は迅速に処理し、机にメモを置く場合もありますが、できるだけ本人に直接メモを渡し、必要な情報も加えて伝えます。用件をメモに整理してから電話をかけるようにします。

● ステップアップ

　電話対応のスキルを高めるには、接遇力のみならず、受け応えしながら瞬時に内容を理解・整理し、記録に残す力が必要です。これらの力は電話対応のみならず、研修や会議の内容を的確に聞き取り、簡潔に整理して記録する上でも生かせます。その方法としては、要点をキーワード化しながら聞くことや、メモや記録用紙を工夫することが挙げられます。電話をかけるときも事前に要点をキーワード化しておき、それをもとに話せばよいのです。

6

●

一般的なマナーと常識

53 情 熱

若竹幼稚園の良美先生は園児への縄跳び指導が始まり、ちょと心配していま
す。学期末までに全員1回以上縄を跳べるようになるのが目標です。運動が不
得手なたかし君は、何回練習しても失敗して「もうイヤ!」。それを聞いた良
美先生は、園児の意志を尊重することにしました。でも、隣の同じ学年のベテ
ランの先生は、なだめすかして全員の1回以上を達成したのです。

● マイナスポイント

　保育者は、運動が苦手な子どももい
ることを、頭に入れておく必要があり
ます。全員が跳べるようになることを
目指すとしても、それが最優先課題に
ならないよう、心がけなければなりま
せん。設定したゴールに到達できれば、
指導にあたった保育者は、仕上がりに
達成感を感じるかもしれませんが、そ
れは保育者の自己満足でしかなく、自
分本位の保育になっているかもしれま
せん。保育の主体はあくまで子どもで
あることを忘れないようにしましょう。

コラム

　「やればできる。縄跳びがそうだったから」。成長していくプロセスで、この
思いを支えに、頑張れることもあるかと思います。縄跳びを、「自分ができる」
という自信を積み上げる教材と捉えることもできます。「あきらめさせない」こ
とに情熱をかけるのではなく、子どもが、「何をしたいのか」「どうしたいのか」
ということを受けとることも、保育における情熱の形です。

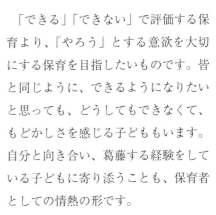

◉ アドバイス

　子どもの様子を観察して、技術的に
どう工夫したらよいのか、肯定的な言
葉がけをしながら、保育者が見本を見
せたり、一緒に身体を動かすとよいで
しょう。「何ができていないのか」を
子どもと共に考えながら、子ども自身
が気づくことができれば、自ら課題に
チャレンジするようになります。保育
者が目標達成に情熱を注ぐのではなく、
試行錯誤している子どもに寄り添うこ
とが、保育者の情熱のあり方といえま
しょう。

◉ ステップアップ

　「できる」「できない」で評価する保
育より、「やろう」とする意欲を大切
にする保育を目指したいものです。皆
と同じように、できるようになりたい
と思っても、どうしてもできなくて、
もどかしさを感じる子どももいます。
自分と向き合い、葛藤する経験をして
いる子どもに寄り添うことも、保育者
としての情熱の形です。

　保育者の支援や、クラスの仲間の励
ましで、できなかったことが、努力し
てできるようになれば、大きな自信に
つながります。

54 素直さ・謙虚さ

マリコ先生は、ピアノを弾くのが大変得意です。マリコ先生のクラスの園児も彼女のピアノの技量を反映して歌がとっても上手です。それを保護者に称賛されると、あらあら、マリコ先生の独演会の始まりです。自分が何歳からピアノを習い、どんな有名な先生に師事し、一日何時間練習してきたかを得意満面に延々と説明を始めてしまい、保護者も引いてしまいました。

● マイナスポイント

優れた能力の持ち主は、それを他人にひけらかすようなことをしないものです。称賛されたら、そこは素直に受け止め、心の中に留めておくようにしましょう。ピアノが上手であるということは、保育計画を立て、日々の保育を行う際に、「ゆとり」につながります。しかし、自分の得意なピアノだけで保育が成り立っているわけではありません。自分の得意分野を、どう保育に生かすかということを考えることにエネルギーを注ぎましょう。

コラム

「実るほど頭を垂れる稲穂かな」と言います。「謙虚になりなさい」と言うことです。自分の実力に満足せず、日々精進していくことが、職業人に求められています。ドイツの教師養成学校の初代校長だったディステルウェッヒは「進みつつある教師のみ、人を教うる権利あり」（小原國芳『師道』玉川大学出版部）と言いました。

● アドバイス

　保育者の専門性のために必要な力は、多岐にわたります。自分の持っている力を、子どもたちに合った形で保育に役立てることができてこそ、優れた技能も価値のあるものと言えます。

　例えば歌を保育に取り入れるのなら、適切な歌を選択するために、色々な歌のことを知っていなければなりませんし、複数の指導方法を知っていることが必要です。自分の持っているすばらしい能力は脇におき、引き出しを増やすことを心がける姿勢が大切です。

● ステップアップ

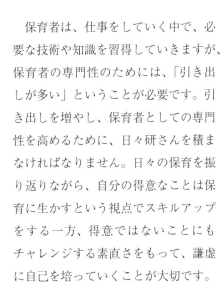

　保育者は、仕事をしていく中で、必要な技術や知識を習得していきますが、保育者の専門性のためには、「引き出しが多い」ということが必要です。引き出しを増やし、保育者としての専門性を高めるために、日々研さんを積まなければなりません。日々の保育を振り返りながら、自分の得意なことは保育に生かすという視点でスキルアップをする一方、得意ではないことにもチャレンジする素直さをもって、謙虚に自己を培っていくことが大切です。

55 向上心

智子先生は、6年目の中堅教諭です。新人の頃から何でも無難にこなし、なにかと園長先生や先輩教諭から称賛されてきました。しかし最近は自分の指導力を過信してしまい、称賛されるどころか逆に園長先生から「新人の頃と同じレベルでは適性を欠く」と注意を受けるようになってしまいました。本人は一生懸命指導しているつもりなので、何に問題があるのか分かっていません。

● マイナスポイント

一生懸命保育をしているだけでは、保育者の成長はありません。子どもの育ちを支え、適切な援助をしていくということは、保育技術以前に、目の前の子どもたちが、何に興味を持ち、何に楽しさを感じているのか、どんな壁にぶつかっているのか、何に挑戦したいと思っているのかなど、彼らの内面を理解しようとすることが必要です。自分の保育の技術や、子どもに対する対応を過大評価することなく、努力を怠らないようにしなければなりません。

コラム

「いい子を持つ幸運な親には、いい親を持つ幸運な子どもがいる」（ジェームズ・A・ブリューワー）と言われますが、保育者と子どもの関係にも当てはめることができるのではないでしょうか？ そのために、保育者としての努力を怠らないようにしたいものです。常に向上心のある保育者であってください。

記録ノート

う~ん…

こういうとき、どのように対応したらいいんでしょう？

◉ アドバイス

　保育者は保育現場で多くのことを学び、成長していきます。保育現場で仕事をしていく中で、段階を追って必要な技術や知識を習得し、保育について理解を深めていきます。子どもや同僚、保護者をはじめ、さまざまな人との関わり合いの中で学びながら、保育者として成長していくのです。養成校での学びよりも長く深い学びが続き、それが保育者としての成長を支えていきます。学ぼうとする姿勢を持ち続けることが大切です。

◉ ステップアップ

　うまくいかなかったことがあれば振り返りをし、どこがいけなかったのかを考えてみましょう。一緒に働いている保育者を信頼し、アドバイスをもらうことも大切です。日々の保育を動かしていることだけに満足せず、よりよい保育者を目指そうとする向上心を忘れてはいけません。自分が十分に備えていない点があれば、その部分を強化するための努力をすることで、保育者としての力を高めることにもつながります。

7

◉ 豊かな保育者になるために

56 責任感

明日は運動会です。恵子先生は、クラスのゆうき君のお迎えが連絡もなく大きく遅れており、やきもきしていました。このままでは運動会の準備ができず、運営に支障を来します。先輩教諭に相談すると、隣のクラスにゆうき君のお母さんと懇意なお母さんがいて、「幼稚園からも家が近いのでその方に預かって頂いたら」との提案がありました。保育者としての責任感に欠けるかも？

どうしたらいいでしょう？

● マイナスポイント

保育者は、保護者からの信頼を受けて保育を行っています。お迎えが遅れている子どもの降園後の行き先を、運動会の準備に支障を来すからという保育者自身の事情で、自分の勝手な判断で決めてしまうのは、自己本位の保育になっていると言えます。第一、保護者に対する責任感に欠ける行動です。保育者と保護者は、子育てを共に担うパートナーです。保護者との信頼関係を大切にしていかなくては、保育は成り立ちません。

コラム

責任感とは自分の仕事や行為について最後までやり遂げることです。「どんな瞬間にも、人間は決断しなければならない。よりよくなるために、あるいはより悪くなるために」（ヴィクトール・フランクル）。臨機応変の行動を取れることが大切です。そのためには気働きのできる保育者であってほしいものです。

連絡をとりながら…

◉ アドバイス

　お母さんのお迎えが遅れることには理由があるはずです。まず、手順を踏んで、お母さんと連絡を取れるよう試みることが最優先です。運動会の準備の仕事の中で、子どもと一緒にやれることを探して取り組んでみるとか、作業の様子を見学させるとか、時間の過ごし方を工夫してみることもできるでしょう。保護者に対する責任を放棄せず、一日一日を丁寧にやり遂げることが保育者の仕事として求められているのです。

◉ ステップアップ

　保育者の仕事は多岐に及びますが、保育は刻々と変化していきますし、時間に追われることや、思ったように時間をかけられないような状況も起こります。焦る気持ちは分かりますが、自分が責任を取れない行動を選択してはいけません。難しい状況にあっても、自分が選んだ行動の結果として問題が発生すれば、自分が引き受けなければなりません。子どもの安全の確保と、保護者に対する責任は、運動会の準備よりもはるかに大切なのです。

7

◉ 豊かな保育者になるために

57 豊かな感性

あやか先生はモノトーンが好きです。自分の私服もモノトーンでまとめていましたが、こだわりが強く教室の壁面装飾も何となく地味です。そして、保護者から「色使いが暗いのは性格が反映されているのでは！」と遠回しに指摘され、比較的おとなしいあやか先生は意気消沈してしまいました。確かに他の教室は色彩が豊かで、なんとなく園児も伸び伸びとしているような気がします。

● マイナスポイント

身なりには、個性や感性が表れますが、保育者は、清潔感のある服装で保育することが求められています。自分の服装も保育室の装飾も、いつも同じような色だと変化がなく、子どもたちに気づいてほしいことにも気づいてもらえない可能性があります。保育室の環境設定が子どもの育ちに与える影響は、決して少なくありません。自分の感覚的好みより、子どもの好む色彩に配慮するなど、子どもを中心に考えるようにしましょう。

コラム

感性とは知覚的能力の一つで、感じとる力のことです。「子どもといっしょに自然を探検することは、周りにある全てのものに対するあなた自身の感受性に磨きをかけるということです。―中略―つまりあなたの目、耳、鼻、指先の使い方をもう一度学びなおすことなのです」（レイチェル・カーソン）。

　こだわりを打開するために、努力してあえて違うことをやってみることで、「変わる」ということを体験することができます。自分の好みもあるでしょうが、発想の転換をし、これまで選ばなかったような明るい色や雰囲気を、思い切って服装や保育室の装飾に取り入れてみるのも一つの方法です。その上で、自分の心や子どもの様子、周りの人の反応を観察し、そのことで自分の心の中に起こる気づきに注目してみるとよいでしょう。

● ステップアップ

　子どもたちと豊かな生活をするために、保育者の感性は大切です。自分の感性を豊かにするために、美術館や展覧会に行く、きれいな景色を見に行く、音楽会に行く、お花を飾ってみるなどして、自分の心を豊かにしていくことは意味があります。自然を味わう、美しいものを美しいと思う心、季節の変化に気づくことなどを積み重ねていくことが、感性を豊かにします。保育者の感性は、柔軟で活力あふれるものであってほしいものです。

7

● 豊かな保育者になるために

58 思いやりのある温かい人

真弓先生は、大学でも運動部に所属し、運動神経抜群です。それ故、運動が不得手な園児を若干軽視する傾向があります。クラスのひろき君は徒競争が大の苦手で、今年の運動会でも最下位でした。真弓先生は「あーあ、今年も最後！」「ひろき君、もうちょっと頑張れないの？　だらしがないわよ！」。でも、彼は嫌がらずに徒競争に参加して、ゴールまで走り通したのですが……。

● マイナスポイント

人を思いやるということは、人の身になって考えることができる、苦しみや悲しみを感じ、そっと寄り添うことができることです。運動が得意な子もいるし不得意な子もいます。不得意な子は、子どもなりに劣等感を感じて、つらい気持ちを抱えているかもしれませんし、運動会そのものを、気が重いと感じているかもしれません。不得意な子を見下す発言は、子どもの気持ちを考えていないことですし、子どもの心を傷つけることになります。

コラム

「思いやりがある」とは、他人の心情を理解し、共感できる能力のあることです。「子どもは心もちに生きている。その心もちを汲んでくれる人、その心もちに触れてくれる人だけが、子どもにとって、有り難い人、うれしい人である」（倉橋惣三）。

● アドバイス

　子どもの努力を認め、やり遂げることができたことに目を向け、結果がどうあれ、最後まで走り通したことを褒めてやりましょう。最下位だったことを、子どもがどう受け止めているか、子どもの気持ちに思いを寄せ、理解し受け入れてやる、愛情ある言葉がけをすることは、保育者としての大切な役目です。できる、できないで評価する保育ではなく、やろうとする意欲を大切にし、子どもの気持ちに寄り添う保育を心がけたいものです。

● ステップアップ

　運動会の前に、運動が苦手な子どもと、子どもの力に応じた目標設定をし、その目標をクリアすることができたら一緒に喜ぶ。子どもは、子どもなりの達成感を味わい、喜びを保育者とともに共有することができれば、1位ではなくても、ポジティブな体験にすることが可能です。人は、自分の言ったりやったりしたことを認めてほしいという欲求を持っています。そして、褒められたり認められると、それが習慣化するともいわれています。幼児であればなおさらです。

59 動植物を育てる

ゆかり先生のクラスのあきら君、園庭に自生している花を摘んで「先生、この花きれいでしょ」と見せにきました。「ほんと、きれいね。先生、このお花大好き」。これに気を良くしたあきら君は、さらに花を摘んでゆかり先生に。それを見ていた先輩教諭から「花も生きているので、むやみに摘むのを黙認するのはよくないのよ」と指導され、びっくり。「自生している花なのに！」。

?!
はい、せんせい！
むやみに摘むのを黙っているのはよくないのよ！

● マイナスポイント

摘んでしまった花は、時間の経過とともに、枯れて、きれいではなくなり、咲いている状態を楽しめなくなります。花などの植物を育てるには、肥料や水をやらなくてはなりません。動物も同様に、餌や水をやらなければなりません。植物を摘んだり、動物を飼うなど、生きものとの触れあいは楽しいものです。ただし、ちゃんとお世話をしなければ、かわいそうな結果になってしまう、ということを理解するのは大切です。

コラム

保育者養成時に、飼育栽培を学習させる必要があります。「金魚も、ハムスターも、二十日ネズミも、発泡スチロールのカップにまいた小さな種さえも、いつかは死ぬ。人間も死から逃れることはできない」（ロバート・フルガム、訳／池央耿『人生に必要な知恵はすべて幼稚園の砂場で学んだ』河出書房新社）

お花は摘むと、
枯れちゃうんだよ。
かわいそうだから
咲いているところに
会いにきましょうね!

● アドバイス

　子どもが保育者を喜ばせたいと思う
気持ちを受け止め、美しく咲いていた
花も、摘んでしまったら枯れてしまう
ことを分からせます。咲いている状態
を一緒に楽しみ、違いを学習すること
も意味のある活動です。

　動物の場合にも餌を与え、水を取り
替え、清潔な環境を整え、世話をする
ことが必要です。

　目の前にある動植物を話題にし、子
どもにとっておもしろい発見との出会
いを楽しみましょう。

● ステップアップ

　子どもたちに、植物を育てること、
動物の世話をすることを体験させてみ
ましょう。そして、どんな環境で、ど
んな経過を経て、花が育つのかという
ことを観察しましょう。動物を飼って
いるのなら、動物の何気ない行動や変
化を話題にしてみましょう。保育者が
気づきを促し、豊かなものになってい
くでしょう。

　園の環境の中にいる多種多様な動植
物に目を向け、絵本の中の生きものと
比べてみることで、新しい発見がある
かもしれません。

60 保育哲学を持つ

降園時、園児の保護者との雑談が盛り上がり「先生が保育で特に留意していることって何ですか？」と聞かれたみき先生は、思わず絶句してしまいました。担任として3年目で、大学卒業後必死で仕事を覚えましたが、保育に関して自分自身の考えをいまだまとめられずにいました。即答できなかったみき先生に、保護者がそれとなく助け舟を出して大恥をかかずには済みました。

保育で特に留意している事って何です？

う…

● マイナスポイント

新任の時代は無我夢中で、一日一日の保育を大過なく過ごすことに必死です。大学で保育哲学や理論もたくさん勉強してきたと思いますが、なかなか理論と実践を結びつけるところまでいきません。どこに向かって保育をしているのか分からなくなってしまうと、自分の保育観が揺らいでしまいます。たとえ1年目であっても、自分がこんな保育者になりたいと思っていることはあるはずです。そこから目を離さないようにしましょう。

コラム

「何が天職であるかを本質的に教えてくれるのは、内面からの深い喜びがあるかどうかだ。仕事を苦しみと見なしがちな社会の中で、この考え方は革命的であるが、真実である」（パーカー・パーマー）。自分のために学び続けることで、迷ったときに立ち返ることのできる保育哲学を持つことができるものです。

● アドバイス

　保育に携わる者として、自分が「大切にしたい」と思っていることは、必ずあるはずです。コメニウスやルソー、フレーベルのような思想家や哲学者が言ったようなことでなくてもよいのです。自分が保育者を目指そうと思った当時の気持ちに立ち返り、「どういう保育者になりたいと思っていたか」と思い出してみれば、自分が保育者として「大切にしたい」と思っていたことに気づくはずです。それが保育哲学を持つということです。

● ステップアップ

　信念を持って、日々保育者としての仕事に取り組むことは、極めて大切なことです。迷ったとき、判断ができないとき、壁にぶつかったときに、自分の保育哲学を思い起こしてみましょう。ともすればルーティンワークのように目の前のことをこなしていたことが、自分の保育哲学を思い出すことで、気づきにつながり、日々の保育がより生き生きとしたものになっていくでしょう。別言すれば、「どんな人間を育てようとしているのか」という考えをしっかり持つことです。

61 豊かな人間性

「先生なんか大嫌い！」。お遊戯会で自分の希望する役になれなかったので、不満が爆発。担任の夏美先生、「あおい君、みんながみんな好きな役に付けないのよ。いい加減にしなさい！」と言ったので、さらにあおい君は大騒ぎ。事前に「どの役も大事なので、たとえ自分の希望が通らなくてもがんばりましょう」とクラスの園児に念を押したのに……、今度は先生が爆発寸前です。

いい加減に
しなさい……

● マイナスポイント

　保育者は園児の前では感情をあらわにしてはいけません。常に高い目線から園児を指導する義務があり、該当の園児への感情的な指導で、関連のない他の園児までもが保育者を怖がり、登園拒否という事態の可能性もあるのです。また、保育者の喜怒哀楽が激しいとそれが園児に伝染する可能性があります。あくまでも、大人として振る舞う姿勢が肝要です。

コラム

　厳しすぎる先生は過去の遺物です。「自分がこのような指導を受けたから、この子たちにも」ではなく、園児の前で「大人」として振る舞うべきです。大人は「大きい人」と書きますが、体だけでなく心も大きく持てるようにしましょう。相手は幼児なのです。

　保育者が事前に指導したにもかかわらず、保育者の所期の思惑と異なりそうな場合、感情が高ぶってくることがあるでしょう。しかし、ここで感情が高ぶったまま指導せず、一呼吸置いて園児に応対することです。気分転換に、深呼吸したりしましょう。これで感情の高ぶりはかなり解消されます。感情を抑制することが責任者の務めでもあります。「我慢できない人間は長になれない」と言う人もいます。

● ステップアップ

　感情のコントロールができるようになると、園児はもとより、保護者からも「優しい先生」として信頼度が高まり、保育者としてのスキルが向上します。
　園が求めているのは、怖いだけの保育者ではなく、優しいながらも厳しさも備えた保育者なのです。また、感情のコントロールを通じて、困難な仕事に自分から積極的に関われるようにもなり、さらに成長するための礎となります。

感情を
コントロール

優しい先生
でしょ～

8
● ステップアップするために

62 柔軟な考え方

「ねえ先生、『へっぽこ』ってなぁに？」とこうた君。ちえ先生はびっくりして「どうしたの？」と尋ねたところ「お母さんがね、ちえ先生はへっぽこだって」。彼のお母さんは冗舌で「ちえ先生が担任で良かったわ」と言ってくれ、父母会のクラス委員として保護者をまとめる上で何かと骨を折って下さるので信頼していた分、落胆と反発も。これをどう捉えればよいのでしょうか。

● マイナスポイント

　保育者に限らずキャリアの浅い社会人は、自分なりに努力していても、周りからは、半人前と見なされることがあります。これが、「へっぽこ」なのです。

　このように言われるのは通過儀礼のようなもので、新人の頃からキャリアを積んだ先輩と同じレベルの保育が実践できれば苦労はありません。また、保護者によっては、表裏がある人もいます。

コラム

　何歳になっても人より多く努力することが大切。残念ながら、楽な努力などはありません。努力は辛く、困難で、面倒なことなのですが、その努力なしには能力の向上はあり得ません。「天才は1％のひらめきと99％の努力でつくられる」エジソンの名言です。

悔しいでしょうが、この園児や保護者に感謝すべきです。批判やクレームはお宝なのです。それで立腹してやる気をなくしたり、反発するだけでは成長できません。「良薬は口に苦し」です。いったんは落胆したり不満を持っても、気を持ち直すことが大切です。批判を前向きに捉える姿勢が成長を生むのです。真面目に保育に励んでいれば、支持者は必ず増えます。

● ステップアップ

保育が未熟なのは事実でしょうから、保育に優れた先輩に負けない分野を考えましょう。それには、①笑顔を絶やさない、②園児や保護者に、人一倍大きな声で朝の挨拶をする、③早退・欠席した園児宅に当日中に電話して容態を伺う、④先輩より早めの時間帯に保育室に入り準備を進める、⑤保育室の整理・整頓や下駄箱の清掃などをする——いわゆる「凡事徹底」で、毎日続けることが大切です。先輩と同じステージで保育していては、いつまでも「へっぽこ」なのです。

8

● ステップアップするために

「ねえ先生、見て、見て！」。隼人君の手のひらにはキラキラ光るものがありました。「これきれいでしょう。お砂場で僕が見つけたんだよ！」さち子先生が見ると、ビール瓶の細かな「かけら」が2つ3つ乗っていました。「隼人君、これ、ただの瓶のかけらじゃないの！　手を切ると危ないから先生が捨てておくから」。隼人君は落胆して砂場の隅で声を上げて泣き出しました。

● マイナスポイント

ただのビール瓶のかけらじゃない！危ないから、捨てておくからね。

たとえガラスの破片でも園児が見つけたキラキラ光るものを、保育者にも見せたくて持って来たのに、ただの瓶のかけらだからと取り上げては、園児がかわいそうです。

大人から見ると他愛のない物でも、事物に触れる経験が少ない幼児からは宝物というものがあります。瓶のかけらで危険であっても、きれいな物に違いないのです。園児の感性を尊重すべきです。いきなり否定されると信頼関係が育ちにくくなります。

コラム

　一呼吸置いて言葉を発する習慣づけは、保育以外の場所で応用できます。「TPO」という言葉を聞いたことがあるでしょう。Time・Place・Ocassion の略で、時と場所と場合をわきまえなさいということです。同じ文言や振る舞い・服装でもTPOによってはマナーに反し、周りのひんしゅくを買うことがあります。

● アドバイス

　若干危ないと思ってもそうは言わずに、そっと取り上げ「キラキラしていてきれいね。先生もこれ好き。お砂場にあったの？　もっとあるかも知れないから一緒に探しに行こう！」と言葉をかけ、園児の興味を削（そ）がないように留意しましょう。

　まず、子どもの気持ちを受け止めることが大切です。子どもが感じていることを、保育者も共感して返すと信頼関係が育ちます。処分するのは全部回収してからでも遅くありません。園児の感性に共感する姿勢は必須です。

● ステップアップ

　あくまでも大人の感性ではなく幼児の感性で捉えるべきです。また、園児だけでなく保護者に対しても何らかの事象に関して第一声を発する前に、必ず一呼吸置いて、言葉を選んでから発言するようにしましょう。そして、常に「自分が園児であったら、保育者からどのような言葉かけを望むか」ということを念頭に考えてみましょう。それには、勤務時間外でも大人目線ではなく、幼児の目線で事物に触れる習慣づけが大切です。

64 広い視野

だいち君は何回練習しても鉄棒の逆上がりができません。後から練習を始めた子にもどんどん追い抜かれ、「僕なんかだめだよ」と言って全く練習をやめ、鉄棒にも近づかなくなり、さらに担任のさおり先生からも決定的な一言「最後まで頑張ろうよ。途中でやめるのは、よくないわよ」。できないからといってさらに努力を強要すると、余計に遠ざかるときもあるのですが……。

途中でやめるのは、よくないわよ！

ボクなんてダメだよ……

● マイナスポイント

努力の大切さを教えるのは大事です。しかし、それが行き過ぎると反発したり、時には登園を渋ったりという事態になる可能性もあります。

同じ言葉かけをしても園児の受け止め方はさまざまですし、能力の個人差もあります。何のトラブルもなくすぐに達成できる子や、時間がかかるが後で伸びる子、いったんは諦めても、再度の挑戦で成就するという子もいるのです。

コラム

叱（しか）ると怒（おこ）る。相手のために感情を抑え、言葉を選んで注意を与えるのが「叱る」。それに対して、感情の赴くままに言葉を発するのが「怒る」です。また、トラブルが起きたとき、すぐ保育者が出てきて、考え方を押し付けないで、子どもが自ら乗り越えて、主体的な解決ができるように見守ることも大切です。

● アドバイス

　園児に負荷をかけるのは、園児の成長を助長する上で不可欠ですが、こうした保育者からの働きかけと併せて、園児本人の自主的な関わりがないと、期待した教育効果は上がりません。ある程度の負荷を与え、後は園児の様子を見守るべきです。そして、「頑張れ！頑張れ！」だけでなく「頑張っているね！」と努力する姿勢を褒めたたえる姿勢が大切です。「褒めて育てる」を忘れないことです。

● ステップアップ

　本人のためを思ってアドバイスしてもそれが度重なると、うっとうしく感じることもあります。

　叱ったり、褒めたり、なだめたり、時には他愛のない話で園児や保護者の気持ちが和むこともあります。保育者はさまざまな感性の引き出しを持つことも大切です。何度挑戦しても成就できない場合は、とりあえずその分野での成就は諦めさせ、他の分野で頑張らせる。そこで自信がつくと本人の意思で撤退した分野に挑むこともあるのです。

65 得意なものを持つ

今日は、まい先生の務める幼稚園のお遊戯会です。発表を終えたクラスの先生はクラスの保護者から称賛の嵐です。一方、まい先生は発表後、クラスの保護者からは聞えよがしに「他のクラスの衣装はすてきだったわよね！」と非難され意気消沈。保育技術の上で得意なジャンルがあるわけでもなし、プライベートでもこれといった趣味もなく特技もない。まい先生は落ち込む一方です。

他のクラスの衣装はステキだったわよね～！

ホントよね～！

● マイナスポイント

人はさまざまな分野で、自らの力量を試されてしまいます。特に保育者は苦手な分野があると、それが露呈してしまうことは1度や2度ではありません。そして、それに伴う挫折もあるのです。

一時の挫折で保育が投げやりになったり、「私的な部分」でも崩れたりというケースも想定されます。保育者はさまざまな能力が要求される職業なのです。

コラム

園児は純粋で、それ故、保育者は全身全霊を傾けて指導に当たる必要がありますが、急には無理です。一般の会社員と違い、保育者は四季折々の風物や行事と関わります。夏はプール、秋は運動会、冬はお餅つき等々。1年目はいっぱいいっぱいかもしれませんが、3年目ころから、いくらか楽になります。

挫折はつきものです。ただ、挫折か
らはい上がっていけるかどうかが、そ
の人の価値なのです。それは、挫折を
バネにして前向きに捉えられるかどう
かに尽きます。そのとき、「自分は能
力が高い人間なので、この程度の挫折
は必ず克服できる」という気構えを持
つことです。そのためには、これに関
しては自信がある、というジャンルを
見いだして、その能力にさらに磨きを
かけると、はい上がる糧になります。
息抜きの場を設けることも大事です。

● ステップアップ

得意な分野は、何でもいいのです。
カラオケもOKです。ただ、キャリア
を積むと、得意分野をさらに増やして
いくとベターです。何歳になっても
「もうこれでよい」ということはあり
ません。年長者になればなるほど期待
が高まり、求められるレベルが高くな
ります。それに応えるには、自己の能
力をさらに向上させる必要があり、得
意分野の項目を増やさなくてはなりま
せん。そして得意分野は何らかの形で、
必ず保育に直接反映されるのです。

8

●

ステップアップするために

66 読 書

　新人教諭のたえこ先生の趣味は学生時代の延長で漫画本です。しかし、園児から「先生はどんな本が好きなの？」「幼稚園の頃、本をたくさん読んだ？」と聞かれます。たえこ先生は、母親から「マンガだけじゃなくて違う本も読んでみれば」と諭され、高校で現代国語の先生からも「どの作家でもよいから、一人に絞ってその人の作品を全部読みなさい」と勧められましたが……。

● マイナスポイント

　保育者の業務は園児と遊ぶだけではありません。園児に絵本や紙芝居の読み聞かせは必須です。

　園児に絵本の嗜好(しこう)を質問されてアタフタでは恥ずかしい限りです。自ら絵本も含めて読書の習慣がないと、園児に与えるべき絵本・紙芝居を選択する際に制約される可能性があります。

　自分の知識だけでは、限度があります。読書を通じて他人の知識を吸収しましょう。

コラム

　重複障害を持って生まれた女の子クシュラ。両親は、一人では見ることも物を持つこともできないクシュラを抱きながら、大量の絵本を読み聞かせました。クシュラが3歳になるころには、健常児をしのぐ豊かな感情と言葉を発達させていきます。——絵本（本）は、子どもの人生にいかに大きな力を持つかを実証しています。（ドロシー・バトラー）

● アドバイス

　読書の第一歩はファッション誌や旅行誌から始めてはいかがでしょうか。写真が多いので、活字への負担が軽いからです。活字に触れることで、文章を組み立てるすべを会得できます。美容室などの待ち時間に備え付けの本を読めば、費用もかからず時間の有効活用にもなります。次のステップとして週刊誌（女性週刊誌含む）です。新聞にも挑戦してみましょう。社会面の記事は時代を読む良い材料です。食べず嫌いでは先に進みません。おっくうがらずに挑戦してみましょう。

● ステップアップ

　保育者の業務として連絡帳への記入があります。保育者と保護者との間で交換日記のように、園児の健康状態などの連絡事項を互いに記入するもので、短時間のうちに簡潔に、しかも明確に記入しなくてはなりません。読書の習慣により、記入の際、誤字脱字が減り文体も洗練され、記載内容についても保護者の理解度が高まり、保育者としての技量がさらに向上します。

8

● ステップアップするために

67 専門職であることを自覚する

すみえ先生は実習先の幼稚園で評価され、そのまま採用されました。しかし、いざ実務に就くと実習時と勝手が違い、毎日が不安で憂鬱（ゆううつ）になりました。朝、保育室に向かうのも気が進みません。園長先生から「たとえ自信が無くても胸を張って教室に向かうように」と指導を受けてしまいました。短大の先生からも「自分の仕事に自信と責任と誇りを持ちなさい」と指導を受けていました。

◉ マイナスポイント

　新人の社会人は誰でも、仕事に関して不安です。特に保育者は一般の事務職と異なり、毎日、新たな展開が待ち受け、負担に思うこともあるでしょう。

　しかし、わが子を預ける保護者の意識では、新人といえども保育のプロです。たとえ不安があっても、それを表に出しては周りに不安感をまき散らすことになります。保育者が不安を外に出すと、園児の保護者はそれ以上に不安になります。

コラム

　ベテラン保育者から「分からないことがあったら聞いてね」と声をかけられても、新人は「何が分からないのかすら分からない」状態です。多くの保育体験と、専門書等によるたゆまぬ学習が自信につながり、専門職として高めていきます。そして心身の疲労が続くので、休業日は有意義に過ごしましょう。

◉ アドバイス

　新人といえども保育者養成校で勉学を積み、実習も済ませているのですから、キャリアは浅くても社会の認識としては専門家なのです。ベテラン保育者であっても、時には不安や緊張にさいなまれるときがあります。運動会や参観日はその典型でしょう。でも不安だからと逃げ回っていては、仕事に慣れることは不可能です。どんな仕事でも必ず障壁があります。「障壁を克服して仕事に慣れる」、それが成長なのです。

◉ ステップアップ

　「石の上にも三年」といいますが、辛抱して、ただいたずらに時を過ごせば克服できるものでもありません。キャリアを積んで立派な保育者になるために、毎日、あるいは折々に保育の反省を記しましょう。運動会のような大きな行事については、記述が多くなるので、別に行事ノートを用意します。「反省無くして前進無し」です。自信がないときこそ、逆に胸を張って園児や保護者に対峙しなくてはなりません。それが社会人なのです。

141

【執筆者紹介】

編 者

谷田貝公昭（やたがい・まさあき）目白大学名誉教授、NPO法人子ども研究所理事長
　主な編著書：『絵でわかるこどものせいかつずかん』〈全4巻〉合同出版
　　　　　　　『コンパクト版保育内容シリーズ＜全6巻＞』一藝社
　　　　　　　『コンパクト版保育者養成シリーズ＜全15巻、監修＞』一藝社

執筆者　（アイウエオ順）

金眞紀子（きむ・まきこ）元聖心女子専門学校専任教員

宍戸良子（ししど・りょうこ）作新大学女子短期大学部准教授

須田容行（すだ・まさゆき）元東京都板橋区須田学園きよみ幼稚園園長

髙橋弥生（たかはし・やよい）目白大学人間学部子ども学科教授

中山映子（なかやま・えいこ）元横須賀市児童相談所一時保護所係長

三宅茂夫（みやけ・しげお）神戸女子大学文学部教育学科教授

谷田貝 円（やたがい・まどか）茅ヶ崎市・浜竹幼稚園教諭

世取山紀子（よとりやま・のりこ）元栃木県下野市こども発達支援センターこばと園園長

●イラスト：エダりつこ

新訂版　これだけは身につけたい

新・保育者の常識 67

2023年5月15日　新訂版第1刷発行

編　者　谷田貝公昭
発行者　小野道子

発行所　株式会社 一藝社
　　　　〒160-0014　東京都新宿区内藤町1-6
　　　　Tel. 03-5312-8890　Fax. 03-5312-8895
　　　　E-mail : info@ichigeisha.co.jp
　　　　http://www.ichigeisha.co.jp
　　　　振替　東京00180-5-350802
印刷・製本　シナノ書籍印刷株式会社

ICHIGEISHA